A TERAPIA DO tempo

Histórias de curas médicas no Mundo Espiritual

ANTONIO DEMARCHI

pelo Espírito **Augusto César**

A TERAPIA DO *tempo*

Histórias de curas médicas no Mundo Espiritual

intelítera
editora

SUMÁRIO

INTRODUÇÃO

Dr. Augusto César, jovem médico, bonito, rico, talentoso e extremamente vaidoso, jamais poderia imaginar que sua vida sofreria tamanha transformação. Pisava fundo no acelerador de seu possante carro na rodovia, quando uma forte chuva começou a cair. Em minutos tudo escureceu...

Quando Augusto César despertou, no Plano Espiritual, descobriu um mundo estranho e surpreendente, descortinando em sua visão uma nova realidade de vida. Mergulhou profundamente em novos conhecimentos que o levaram a conhecer novos conceitos, descartando velhos paradigmas da medicina material, percebendo que existiam coisas muito além dos antibióticos, dos procedimentos e dos efeitos colaterais causados pelos medicamentos. Foi difícil entender e compreender o quanto as energias emocionais impactam diretamente nossas vidas, nossa alma e nosso corpo material.

Ele conhece Jorge, um jovem que, na condição de preceptor médico, vai aos poucos introduzindo novos conceitos de medicina que o fazem perceber que nós somos os artífices de nosso destino, projetando para nosso futuro saúde, alegria, felicidade e sucesso. Ou construímos para nós mesmos doença, tristeza, infelicidade e fracasso, de acordo com as energias que cultivamos. É que tudo no universo são energias e a mais poderosa, a que rege tudo e todos é a energia do amor.

A história dessas descobertas de Augusto foi contada por ele no livro *Terapia do Amor: medicina espiritual.* Agora, ele vem nos narrar novos ângulos de suas experiências, já adaptado ao Mundo Espiritual e envolvido em uma espécie de “processo de treinamento”. Prepara-se para exercer a medicina espiritual pautada em conceitos bem mais avançados do que os conhecidos na Terra. Especializa-se, podemos dizer, na terapia divina, no trabalho com o Cristo em que não somente o corpo, mas o espírito recebe socorro.

Vejamos o que ele tem a nos dizer.

CAPÍTULO 1

UMA PALESTRA *memorável*

Já havia transcorrido alguns dias após a partida de Jorge[1] para Plano mais elevado do que aquele em que me encontrava. Confesso que o sentimento de saudades do amigo era intenso em meu peito; entretanto, servia de fator de motivação, porque no íntimo queria mesmo era sentir-me à altura da responsabilidade dele, para dar prosseguimento à tarefa.

Jorge fora para mim mais que um preceptor, mais que um companheiro de jornada, mais que um amigo. No fundo do meu coração, sentia que ele representava um irmão muito querido que eu não tivera. Recordava com emoção suas palavras, seus ensinamentos e, sobretudo, seu amor e dedicação para com os irmãos desventurados daquele vale de lágrimas.

Cada sofredor que meu amigo Eleutério e eu atendíamos, cada "caído" que no exercício do amor conseguíamos levantar, cada gemido de dor que conseguíamos amenizar, com os passes e projeção de energias, era para mim motivo de

1 Jorge é o amigo, que foi preceptor médico de Augusto César no livro anterior: MEDICINA ESPIRITUAL — A TERAPIA DO AMOR — Nota do médium.

gratidão pelo aprendizado que tivera; e pela oportunidade e o privilégio de ter tido, na forma de professor, um irmão tão sábio e bondoso, na escola da medicina espiritual, onde as salas de aula eram a extensão do Vale dos Suicidas a se apresentar feito grandioso hospital a céu aberto.

Naquela noite, após a jornada do dia, estávamos Eleutério e eu deitados em nossas camas improvisadas no sítio, que havíamos elegido como nosso recanto de repouso. Eu estava pensativo, rememorando alguns dos ensinamentos recebidos de Jorge.

Em verdade, o que eu podia perceber é que quanto mais avançava nos trabalhos de apoio aos necessitados, mais sentia que se formava em minha consciência um canal de inspiração a se ampliar gradativamente de forma cristalina em minhas atividades, dilatando minha sensibilidade a par dos conhecimentos. Palavras fluíam em minha mente de forma espontânea, embora eu tivesse a consciência de que não eram minhas, feito um "insight", uma inspiração quase natural, traduzindo ideias claras e objetivas a respeito da nova medicina que então praticava, e as energias espirituais que refletiam nos novos procedimentos terapêuticos.

O Vale dos Suicidas era por si só um campo de muita dor, de purgação das mazelas praticadas contra a própria vida por irmãos incautos e desconhecedores da verdade e das leis divinas que regem o universo.

Aqueles sítios eram envoltos em espessa neblina; mas o nosso refúgio parecia um oásis iluminado onde o gramado vicejava, pequeninas flores brotavam de minúsculas touceiras e um filete de água límpida e cristalina corria em direção ao enorme lamaçal que existia logo abaixo.

O ambiente era agradável. Eu podia sentir leve brisa a soprar, convidando-nos à prece em que Eleutério agradecia pelas oportunidades daquele dia que findara. Logo em seguida, eu percebi que meu companheiro já ressonava, mas meus pensamentos continuavam a fervilhar em minha mente. Sentia-me feliz e satisfeito pelo andamento dos trabalhos daquele dia. O sono, porém, não vinha. Observava o firmamento em que estrelas cintilavam na abóbada celeste, como se nos acenassem na alegria do Criador.

Recordei as palavras de Jorge ao comentar o que Kardec, o Codificador do Espiritismo havia registrado na primeira obra publicada, *O Livro dos Espíritos* (1857). Os espíritos benfeitores lhe revelaram que o universo é pleno de energia viva, pulsante. Estamos constantemente envolvidos por poderosas energias e ondas magnéticas a se expandirem pelo infinito: a luz, o calor, o átomo, a matéria... Da mesma forma que emoções, pensamentos e palavras. Não existe vazio absoluto, pois até o aparente vácuo está totalmente saturado por energias cósmicas invisíveis, muitas ainda desconhecidas pela ciência terrena.

Contudo, a energia mais poderosa existente é a energia do amor. Sim, raciocinava comigo mesmo, a energia mais poderosa é a do amor de Deus, na qual o infinito se manifesta, o universo se equilibra, a vida resplandece em sua plenitude, a natureza se harmoniza.

Onde quer que estejamos, seja nas dimensões físicas da matéria, ou nas esferas do espírito, estamos mergulhados em ondas de energia, em que o espírito, o princípio inteligente criado por Deus e energia pensante atua. Sim, o espírito é o ator que interage no plano da Criação, que interfere por vontade e inteligência em tudo, porque é a energia criativa em ação, na sinfonia magistral do universo a irradiar por todos os quadrantes a luz do amor divino em ondas de harmonia, desde as dimensões das esferas desmaterializadas de luz pura — onde habitam espíritos iluminados porque já atingiram a perfeição — até o seio da terra, onde habitam os mais ínfimos vermes, cuja alimentação está no húmus da terra lamacenta.

Todos os seres são criaturas de Deus, e nada existe fora do Criador, visto que Ele é o princípio de tudo, a causa primeva de todas as coisas. Tudo se manifesta perfeito, envolto nas energias do Criador, que é a inteligência suprema do universo e a causa primária de todas as coisas.

Tudo mais é reflexo do amor de Deus, que se irradia nas energias cósmicas a se expandirem pelo universo sem fim, na energia solar, que ilumina e alimenta nosso pequenino planeta a rodopiar como parte integrante desse Universo arquitetado e criado por Deus. Nosso planeta Terra, esse pequenino mundo iluminado perdido na imensidão do Universo; esse mundo maravilhoso onde vivemos e que rodopia ao redor do Sol levando em seu bojo a humanidade de tantas conquistas, tantas lutas e tantos conflitos, cumprindo sua missão como berço evolutivo de seres criados simples e ignorantes pelo amor do Pai Misericordioso, destinados a galgar o ápice evolutivo — que é a perfeição espiritual — à qual estamos todos destinados, sem exceção.

Meus pensamentos fluíam intensamente, como se estivesse conectado a uma energia de alta voltagem, que me trazia inspirações e ideias surpreendentes. Não havia antes estudado nem lido qualquer das obras da Codificação de Kardec. Mas, esses pensamentos pareciam me sintonizar em uma sala de aula onde todos esses conceitos se apresentavam ao meu raciocínio como algo lógico, científico, maravilhoso, real e surpreendente.

Sentia energia delicada e tépida a me envolver com sutileza, que me fazia relaxar completamente. Leve entorpecimento prazeroso tomou conta de minha consciência e me deixei levar sem receio. Sem que me desse conta, adormeci profundamente. Interessante salientar que, embora em estado de adormecimento acentuado, era possível perceber que minha consciência se manifestava alerta. A impressão era de que uma força maior me sugava para o alto e em um vórtice formidável; parecia estar me deslocando no espaço em velocidade vertiginosa, como se estivesse sendo atraído por magnetismo poderoso em uma viagem rumo ao desconhecido. Essa era a percepção que tinha naquela experiência.

De repente, tudo se apagou em minha consciência, como se houvesse um breve hiato entre um sono pesado e um despertar. Acordei sentindo-me ainda sonolento. Na verdade, sentia-me meio perturbado sem ter a mínima ideia de onde estava, perguntando "aos meus botões" o que havia acontecido.

Pisquei os olhos várias vezes, imaginando que tudo aquilo não passava de um sonho. Lentamente, fui recuperando o completo domínio de minha lucidez e constatando que de fato não se tratava simplesmente de um sonho, mas de algo muito real para minha compreensão limitada. Atento, pude apurar que estava em uma sala ampla e iluminada onde vários espíritos se apresentavam cada qual irradiando, no alto da cabeça, uma aura levemente fosforescente, semelhante a um belo, mas discreto halo de luz.

Eu me senti um tanto quanto deslocado, atônito e surpreso. Jamais estivera em local semelhante em toda minha vida. O que estaria fazendo ali? De repente, percebi que alguém se aproximava e me dava um abraço fraterno e caloroso que eu conhecia tanto: era Jorge, que acompanhado de irmão Salviano, saudou-me:

— Seja bem-vindo, Augusto! Surpreso?

Aquiesci com um aceno de cabeça. "Como seria possível que eu estivesse naquele ambiente tão elevado para minha condição espiritual"? Inquiri em pensamento.

O mentor Salviano sorriu bondosamente e elucidou:

— Você foi trazido para cá em estado de desdobramento de consciência, porque seu corpo perispiritual encontra-se em repouso no Vale dos Suicidas. Na verdade, tudo foi sugestão de nosso querido Jorge, que encontrou na sintonia de seus pensamentos o "link" perfeito para, através desse canal energético — as ondas mentais —, levar a você conhecimentos que ainda não domina, mas que oferecem perfeito campo de atuação para os novos conceitos que desejamos transmitir.

Com um sorriso, Jorge complementou a explicação.

— O que importa mesmo é que você está aqui, meu irmão. Estamos felizes por essa oportunidade, pois hoje teremos uma palestra memorável de um médico sobejamente conhecido nos meios espíritas, comumente denominado o Médico dos Pobres.

Interessante porque eu me sentia um tanto quanto debilitado, embora conscientemente estivesse bem. Percebi que Jorge me amparava, como se me carregasse energeticamente, para me suster naquele ambiente elevado, que não era meu habitat natural. De fato, ele me amparou de modo que pudesse me sentar, postando-se ao meu lado esquerdo, enquanto Dr. Salviano se postava ao meu lado direito. Ambos ofereciam-me energias que me mantinham consciente, de modo a acompanhar a preleção da noite — explicou-me Jorge.

— Você não é o único a estar aqui essa noite em desdobramento de consciência, Augusto. Muitos dos nossos irmãos, que compõem essa plateia, encontram-se agora em repouso em seus corpos materiais, mas por serem trabalhadores dedicados na Seara do Cristo merecem estar aqui em desdobramento espiritual para ouvir as palavras elucidativas. E amanhã, quando despertarem em seus corpos físicos, poderão rememorar com mais ou menos intensidade, de acordo com o grau de espiritualidade de cada um, as bênçãos recebidas nesta noite memorável — finalizou Irmão Salviano.

A reunião teve início com um dos espíritos, que se apresentava à mesa, proferindo uma prece de agradecimento a Deus e a Jesus Cristo por aquela noite maravilhosa. Em seguida, assumiu a palavra o venerável Médico dos Pobres — Bezerra de Menezes — demonstrando extrema simplicidade a qual sua aura luminosa não conseguia ocultar.

— Meus amados filhos — ele iniciou —, como médicos sabemos que a maioria das doenças se manifesta no corpo material porque o espírito encontra-se doente. Sim, porque sabemos que o espírito é em si poderosa usina de energia mental, resultante de suas emoções e pensamentos. Temos ciência de que estamos envoltos em energias que circundam o universo. Particularmente, nesse momento em que a humanidade terrena se encontra em um período grave da grande transição planetária, o globo terrestre está mergulhado em ondas vibratórias conflitantes de angústia, insegurança, negativismo, rancor, ressentimentos, mágoas, inveja, individualismo exacerbado e outros sentimentos, que proliferam nas mentes humanas.

Fez breve pausa e deu sequência à explanação.

— Sabemos, por outro lado, que muitos de nossos irmãos encarnados e desencarnados em missão de amor, por conhecerem a situação de gravidade protocolar que nossa humanidade vive, têm batalhado corajosamente nesses difíceis dias a fim de levar alento e esperança aos corações humanos. Eles agem levando conhecimento e elucidações necessários à travessia desses dias tormentosos; e os estimulam a não perderem a fé nem a esperança, pois tudo isso faz parte do plano maior do Criador. Depois do vendaval, virá a bonança.

— Nesses dias, a palavra do Cristo torna-se extremamente necessária porque ilumina, elucida, fortalece e consola o espírito em conflito consigo mesmo diante de tantos acontecimentos dolorosos: violência; domínio das drogas que escravizam o ser humano; desequilíbrios e insânia daqueles que detêm o poder para construir, mas que provocam a destruição do planeta onde vivem, solapando os meios de subsistência, da natureza, envenenando a atmosfera e poluindo as águas que são a fonte da própria vida.

Temos visto muitos irmãos em aflição espiritual e mental pela doença do século que é a depressão a aniquilar a vontade e a esperança do indivíduo; além dos transtornos mentais de toda espécie, neuroses variadas, levando "ao fundo do poço" criaturas que no desespero buscam muitas vezes a saída equivocada através da fuga da vida pelo suicídio. É doloroso ver o sofrimento daqueles que, no tormentoso suplício da depressão, em que o lado obsessivo é fator preponderante, desesperam-se ao não identificar qualquer luz no final do túnel e optam por se desvencilharem de suas dificuldades por meio do atentado contra a vida, sem imaginar que os problemas residem no espírito e que não irão desaparecer mesmo depois de terem aniquilado a vida material.

— No entanto, se por um lado as energias negativas formam poderosas ondas magnéticas a imantarem os indivíduos que gravitam nessas sintonias, as ações de amor, as preces e orações e sentimentos elevados de paz, alegria, harmonia, carinho, afeto, amizade, e o labor amoroso na prática do bem geram energias positivas que circundam nosso globo. Aqueles que estiverem sintonizados nessas ondas energéticas de elevado teor se beneficiarão criando para si uma aura luminosa de proteção contra as investidas das trevas. Essas têm atuado em crescente grau de agressividade, em busca de mentes que estão em sintonia de baixa frequência vibratória, externada por pensamentos e emoções.

— Sabemos que a mais poderosa energia que rege o universo é a do amor do Criador. Deus é amor, já nos ensinou o apóstolo João em seus apontamentos evangélicos. Entretanto, nosso objetivo é sempre alertar as criaturas humanas: dentre todas as energias negativas existentes tais quais rancor, mágoas, ressentimentos, raiva e melindres, existe uma que reputamos, seja a mais perniciosa e destrutiva de todas, capaz de levar aqueles que com ela estabelecem sintonia a dores inomináveis, além de amarguras profundas e sofrimentos extremos. Estamos nos referindo à energia oriunda do sentimento do ódio.

— O ódio se assemelha a um potente e mortal veneno; aquele que odeia toma-o a todo instante na expectativa de que seu desafeto seja aniquilado. Quem odeia destila todos os dias pensamentos energéticos destrutivos e venenosos a contaminarem a própria alma e a própria saúde. Como agravante, cria sintonia mental com ondas destrutivas, que se espalham pela atmosfera terrena, atraindo para si companhias indesejáveis de espíritos menos felizes, vingativos e odientos. Portanto, a perturbação mental e espiritual leva muitas vezes à loucura dos tormentos obsessivos de difícil solução, uma vez que o próprio interessado se encontra imantado e enredado nas teias de energias negativas criadas por ele mesmo. Aquele que odeia morre aos poucos, criando um calvário de amargura que somente será solucionado em existências futuras, permeadas de provas acerbas e dolorosas.

— O ódio é a causa de inúmeros males humanos, tanto no aspecto físico quanto espiritual. Lembremo-nos de que no campo espiritual o indivíduo que odeia, cria, em sua invigilância, sintonia extremamente perigosa com as ondas de energia mais destrutivas que existem. Oferecem seu campo mental a irmãos encarnados e desencarnados a estagiarem na mesma faixa vibratória: espíritos extremamente negativos, vingativos, que se alimentam de ódio e o exalam de forma a se expandir no espaço feito uma onda viva e poderosa, em busca de novos incautos que se colocam à disposição das energias das trevas.

— Em suma, o ódio vincula as mentes às mais terríveis obsessões espirituais. Por outro lado, o corpo físico, igualmente, sofre as consequências nefastas, porque absorve as ondas contínuas de explosões energéticas mentais de ódio, comprometendo todo sistema nervoso do indivíduo, que se torna totalmente desequilibrado. O processo de multiplicação das células geralmente conhecido, em medicina, por Mitose, também é atingido.

— Esse processo, em pessoas equilibradas, ocorre de forma harmoniosa, mas naqueles que se alimentam de ondas deletérias do ódio, após tantos bombardeios consecutivos de energias doentias, resultam em nefasta interferência na ordem natural da Mitose. Dessa forma, as células começam a se multiplicar de forma desordenada, como se ocorresse uma rebelião interna, desarticulando-as, criando tumores malignos a se converterem no tão temido câncer. Como vemos, o sentimento de ódio destrói o próprio indivíduo, que nutre esse sentimento, seja pelas obsessões trevosas, pelos desequilíbrios mentais, seja pela desarticulação do sistema nervoso, ou ainda, pelo câncer que corrói e destrói a vida, aos poucos.

— O ódio deve ser extirpado dos corações humanos, meus filhos. Mas como? Sabemos que não é tarefa fácil porque o ser humano ainda gravita em um estágio evolutivo em que os sentimentos negativos predominam em muitos corações. O antídoto para tal veneno é o salutar remédio do perdão. Sim, meus filhos, o perdão verdadeiro e sincero é o medicamento mais eficaz contra esse mal. Na verdade, podemos perguntar: será que aquele que nutre em seu coração o ódio não percebe sua autodestruição ao alimentar em seu íntimo energia tão violenta e degradante?

O venerável médico pausou a explicação por um instante e depois prosseguiu:

— Não foi sem razão que Jesus recomendou o perdão das ofensas, não apenas sete vezes, mas setenta vezes sete, isso é, perdoar sempre, infinitamente, tantas vezes quanto necessário. No entanto, como um coração autodestruído pelo ódio conseguirá vencer esse gigantesco obstáculo e substituí-lo pelo sentimento de amor?

— O Perdão é uma terapia que demanda trabalho e tempo, porque o ódio não pode simplesmente ser eliminado dos corações humanos com simples passe de mágica. Exige do interessado vontade firme, que requer muita força e coragem, a fim de vencer a si, extirpando sentimentos menos nobres arraigados em seu íntimo. Sim, trata-se de uma luta extremamente difícil, porque o maior inimigo habita dentro de nós quando nos enredamos no sentimento de ódio. O perdão exige tempo e determinação, pois tem início somente quando o indivíduo tem sua consciência desperta para o fato de que o mal resultante do seu ódio volta para si mesmo. É preciso buscar no recurso da oração o refúgio, cujo intuito é controlar os instintos inferiores e, posteriormente, ter a coragem de orar pelos inimigos.

— Os bons espíritos acompanham esse processo atentamente e, como sabemos, o amor é a energia fundamental para alcançar bom resultado, porque à medida que aquele que odeia se esforça, adquire credenciais para receber auxílio dos bons espíritos. Depois de algum tempo, passa a perceber que aquele sentimento de ódio foi substituído por sentimentos mais elevados, que passam a dominar seu coração e seus pensamentos. Nem tudo, porém se resolve em apenas uma existência; muitas vezes a dimensão do ódio é tamanha, que o indivíduo não se incomoda em se autodestruir, mesmo sabendo que está mergulhando em um abismo profundo de dor, desde que leve consigo seu desafeto para o lamaçal onde ele mesmo se encontra.

O querido médico suspirou profundamente para em seguida prosseguir com a explanação.

— Queridos filhos, sabemos o quanto é árduo vencer o inimigo, que ainda reside em nós. A humanidade tem vi-

vido essa fase de transição planetária para que possa experimentar uma nova era. Entretanto, a evolução não dá saltos. Tampouco a separação entre lobos e ovelhas, entre joio e trigo, entre bons e maus. Para tanto, é imperiosa a conscientização do ser humano quanto às suas responsabilidades nesses dias de incertezas, de medo, de insegurança, para o aperfeiçoamento próprio. Cristo é o Porto Seguro, e Deus está no comando, como sempre esteve.

A paz do Cristo esteja em vossos corações!

Após a fala do venerável Dr. Bezerra, todos nós ficamos emocionados. Mais algumas preces e a reunião foi encerrada.

CAPÍTULO 2

VOCÊS SÃO OS *Anjos do Senhor?*

Ao despertar no dia seguinte, sentia em meu peito sensação de alegria e paz a invadir meu espírito, recordando com lucidez a memorável reunião que tivera o privilégio de participar. Não tinha ideia de como aquilo ocorrera, mas a recordação de cada palavra proferida pelo orador da noite estava nítida em minha memória.

Levantei-me com disposição e alegria, convidando Eleutério para o nosso já costumeiro desjejum. Desjejum no Vale dos Suicidas? Alguém poderia questionar.

Sim, no sítio que elegemos como nosso local de repouso, algumas plantas começaram a brotar do chão. Uma delas se assemelhava à hortelã, exalando aroma agradável; outra com folhas verdejantes contendo bastante líquido, semelhante à "beldroega"[2], além de outra que identifiquei como a

2 Beldroega é uma planta comestível de folhas suculentas e flores coloridas, da família Portulacaceae. Rica em ômega 3, Vitaminas E, bem como minerais. Nota do médium.

"serralha"[3], que no Plano Físico prolifera às mancheias nos cafezais do interior.

Como que por instinto natural, experimentei a "hortelã" e confesso que além do aroma, suas folhas eram saborosas e nutritivas. As folhas e caule da "beldroega" eram agradáveis de saborear, porque sentia que embora fossem mais etéreas que as terrenas, traziam a sensação de saciedade e prazer; da "serralha", eu mastigava as folhas sorvendo apenas o suco que continha; essa planta completava nosso desjejum.

Sentia grande satisfação ao observar que o ambiente onde nos encontrávamos se modificava enquanto avançávamos em nossa tarefa de amor, apreendida com nosso querido Jorge. Era como se tudo aquilo representasse uma recompensa pelo bem que tentávamos colocar em prática. Não poderia deixar de recordar os ensinamentos do Evangelho ministrados pelo nosso inesquecível companheiro: ninguém nada colhe sem antes ter semeado.

Não havíamos semeado qualquer daquelas plantas, mas pensei com "meus botões" que, por algum motivo que eu desconhecia, aquele local era uma bênção, que a misericórdia Divina havia nos presenteado, com a colheita de uma semeadura que não havíamos preparado. Mas, a verdade é que lá estavam aquelas plantas, que nos satisfaziam a cada manhã, como se fosse um autêntico banquete a nos brindar — a Eleutério e a mim.

Em seguida, avançamos em nossa jornada daquele dia. Passamos por alguns assistidos, dentre eles Alaor, que lentamente recuperava o equilíbrio emocional, embora ainda

---

3 Serralha é uma planta herbácea da família Asteracae. É comestível e rica em vitaminas A, D, E. Possui sabor amargo; muito utilizada em saladas e servida refogada. Nota do médium.

apresentasse dificuldades de entendimento e lucidez, tal a situação que se encontrava. Sofria horrivelmente com a abstinência forçada das drogas, mas se aquietava toda vez que ministrávamos o passe e as projeções energéticas, acompanhadas pelas orações costumeiras. Eleutério demonstrava dedicação e carinho extremado para com os assistidos, envolvendo cada um em abraço afetuoso e fraterno após a assistência ministrada.

Na sequência, encontramos Eufrásio, que ainda se ressentia bastante em relação ao suicídio violento que perpetrara disparando o tiro fatal contra sua cabeça, esfacelando seu crânio e expondo a massa encefálica. O sofrimento era terrível, e suas lamentações eram dolorosas. Entretanto, o tratamento que levávamos ao infeliz irmão representava um pequeno oásis de paz diante de tanto tormento. Percebia que o caso de Eufrásio ainda demandaria algum tempo, de modo a alcançar sua recuperação. Era um irmão muito querido a quem dedicávamos nossos melhores sentimentos de amor e atenção. Em minha visão, seu quadro era bem difícil, mas me permitia entender a dimensão da violência praticada contra si próprio. Contudo, apenas o tempo e a misericórdia Divina trariam de volta o equilíbrio espiritual e emocional ao irmão, que em um momento de fraqueza havia encerrado a própria vida.

Sarita, a jovem que havia se suicidado, jogando-se de um viaduto, por causa de uma desilusão amorosa, apresentava evolução importante. Nos instantes de transmissão de passes e de projeção de energias em seu centro de força coronário, a jovem se aquietava, sua respiração ofegante se harmonizava e sua pulsação se regularizava momentaneamente. Seus gemidos cessavam e ela experimentava paz de espírito.

Sarita padecia em função de ato tão tresloucado, praticado em um contexto de desespero emocional.

Naquele dia, enquanto eu ministrava os passes longitudinais ao longo de seu corpo, e Eleutério projetava energias em seu centro de força coronário, a jovem parecia adormecida placidamente. Em oração, pedimos ao Divino Mestre misericórdia para com aquela criatura sofredora, por ter praticado tal violência contra si mesma por completo desconhecimento de causa. A oração era sentida e brotava do fundo do meu coração. De repente, eu me surpreendi, pois Sarita abriu os olhos e, em um minuto de lucidez, perguntou:

— Vocês são os anjos que o Senhor enviou para me ajudar?

Aquilo me surpreendeu. Não sabia o que dizer, mas senti forte inspiração, que vinha do fundo de minha alma, de forma que respondi de imediato:

— Estamos aqui em nome de Jesus para auxiliá-la, irmã querida. Você não se encontra desamparada. Está sob os cuidados de Cristo, motivo pelo qual eu peço que serene seu coração. Jesus vela por você.

Ela sorriu e voltou a dormir confiante.

Eleutério não cabia em si de alegria. Aquele fato havia nos surpreendido; confesso que também alimentava em meu coração sentimento de gratidão. Instantes como aquele ficariam gravados para sempre em minha memória, como se fosse para nós uma conquista imerecida, que nos enchia de alegria pelo progresso de nossa assistida.

— Augusto, você consegue me explicar o que aconteceu? O que estou sentindo é algo indescritível, que me traz alegrias inimagináveis, como se fosse uma premiação por nosso trabalho e dedicação em favor de Sarita.

Fechei os olhos à procura de uma explicação plausível, para responder ao meu companheiro, pois eu também havia sido tomado de surpresa. Senti suave e agradável calor me envolver, ao mesmo tempo em que minha mente parecia se dilatar. Era algo tão interessante, como se um pensamento superior se confundisse com o meu, ampliando meu estado de percepção das coisas ao redor; simultaneamente, palavras inarticuladas surgiam em minha mente de uma forma que eu não podia nem desejava controlar. Obedecendo àquela força superior que me orientava, respondi:

— Eleutério, essa irmã foi agraciada pela misericórdia Divina, por um tratamento que envolve energias imponderáveis do Criador: quando utilizado com amor e dedicação, restaura o espírito em suas energias mais sublimes, devolve a saúde aos enfermos, soergue os caídos, restabelece o equilíbrio emocional, trata e cura o espírito enfermo, enfim, opera o que na Terra os leigos e religiosos chamam de milagres. Nesse caso, vocês foram os vasos responsáveis por captar essas sublimes energias e as antenas que propagaram em favor dos necessitados a energia do amor de Deus que satura todo o universo. Aquele que se dispõe ao serviço do amor em nome do Cristo, apesar de todas as imperfeições, será sempre esse instrumento a operar os referidos milagres em nome do Criador. Aos olhos de nossa irmã, vocês foram os anjos enviados pelo Senhor!

Eu me sentia estranho, porque embora estivesse falando, tinha a impressão de que não era eu quem falava. Eleutério igualmente percebeu, mas esse acontecimento era algo mais a nos alegrar o coração.

— Muito interessante — observou meu amigo –, era sua boca que falava, mas tinha a nítida impressão de que não era você, inclusive você se referiu a nós como vocês.

Sorri satisfeito, mas não respondi, pois não tinha resposta para aquilo também. Tinha plena convicção de que oportunamente teria explicações lógicas e razoáveis para esse fato e, certamente, seria algo tão natural a ponto de não me surpreender novamente.

Eleutério não comentou mais o fato. Prosseguimos em nossa jornada deixando Sarita acomodada em um local previamente preparado para nossa irmã.

Após a partida de Jorge, agregamos novos pacientes ao nosso atendimento: eram eles Lauro, Flávio, Fernando e Aldo. Lauro havia desencarnado em virtude de praticar esportes radicais, como o paraquedismo. Em um dos costumeiros saltos, o paraquedas não abriu completamente, e o rapaz, então, encontrou a morte provocada pelo violento impacto de seu corpo contra o solo.

Flávio, por sua vez, costumava desafiar o perigo pulando de penhascos em mergulhos espetaculares em rios e lagoas. Era uma diversão, na qual o jovem se comprazia, pois se acostumara a viver perigosamente, equilibrando-se em um tênue fio entre a vida e a morte. Em um desses saltos, calculou mal a distância e, no mergulho, quebrou o pescoço encontrando morte imediata.

Quanto a Fernando, ele tinha como esporte favorito caçadas no Pantanal Mato-grossense, aonde todos os anos se dirigia para caçar animais silvestres e praticar pescaria. Em uma das caçadas, com a arma carregada em punho, observou um veado campeiro pastando tranquilamente em meio à vegetação. Ao tentar se aproximar do animal, sem perceber, enroscou seus pés em um cipó, o que ocasionou a perda do equilíbrio. Na queda, a arma disparou atingindo sua garganta, resultando em forte hemorragia e morte sofrida e violenta.

O outro paciente, de nome Aldo, se alimentava de forma descontrolada e apresentava predisposição genética desfavorável, o que contribuiu para o quadro de obesidade. O médico já o havia alertado sobre a importância de uma dieta saudável, uma rigorosa alimentação balanceada, o que visava controlar sua pressão arterial; evitar bebidas e fumo compunham as orientações médicas. No entanto, nada adiantava para Aldo. Quando alertado por sua esposa, se exasperava dizendo: "o maior prazer que temos na vida é comer, beber e fumar. A comida me traz satisfação, a bebida me alegra e o fumo me distrai. Além do que justificava para si mesmo quem come, morre; quem não bebe, morre; quem não fuma também um dia morre. Então, por que se privar de prazeres tão satisfatórios na vida? Vou morrer mesmo um dia, então que morra de barriga cheia" — argumentava Aldo, com satisfação.

E foi exatamente o que aconteceu com aquele irmão, pois o coração sobrecarregado no bombeamento do sangue em um corpo disforme, e as artérias comprometidas pela gordura acabaram por alterar sua pressão sistólica e diastólica. E os pulmões limitados em suas funções pelos venenos do cigarro provocaram um fulminante ataque cardíaco, que levou o nosso Aldo ao túmulo antes do tempo.

Entretanto, o caso mais impressionante que encontramos foi o de Anselmo. Nosso irmão apresentava-se sem qualquer marca aparente em seu corpo perispiritual. Sua fisionomia, no entanto, mostrava-se alterada, com profundos vincos no rosto e na fronte; seu olhar esgazeado parecia não se fixar em lugar algum, perdido no vazio, enquanto seu peito arfava profundamente demonstrando dificuldades respiratórias.

A primeira vez que nos defrontamos com Anselmo ele se contorcia apresentando em sua fisionomia profundo esgar de ódio. Era como se estivesse diante de um inimigo que desejava a todo custo aniquilar, sem, porém, lograr seu objetivo. Estendia os punhos como se estivesse esfacelando um adversário invisível no espaço vazio, vociferando palavras ameaçadoras àquele que seria o objeto de seu ódio exacerbado.

— Maldito, bastardo, não vai escapar de mim! Vou te matar!

Dizia tais palavras, ao mesmo tempo que esmurrava o vazio intencionando atingir um inimigo inalcançável, para em seguida se contorcer de dor, colocando as mãos sobre a região do tórax.

Tivemos dificuldade em nos aproximar; a intenção era serenar aquele irmão desorientado em sua luta inglória. Aproximamo-nos cautelosamente, em estado de oração, pedindo auxílio do Alto. Quando Anselmo se acalmou estendi minha mão direita em direção ao seu centro de força coronário, e Eleutério o abraçou carinhosamente em oração, rogando amparo para o infeliz irmão. Aos poucos, aquele paciente agoniado pareceu encontrar breve instante de paz em seu coração destemperado por conflitos íntimos.

Enquanto Eleutério acolhia Anselmo em seus braços, procurando acomodá-lo, deitando-o em um local mais adequado, eu prosseguia com as projeções energéticas ao longo de seu encéfalo; particularmente na região do Lobo Occipital, pois notei que aquela região era a mais afetada por energias densas e mórbidas causadas pelo sentimento incontrolável de ódio a invadir aquele desventurado irmão.

Pedi a Eleutério que prosseguisse no atendimento direcionando passes de dispersão de energias acumuladas ao longo dos centros de força frontal, cardíaco e gástrico. Procurei auscultar os pensamentos conturbados daquele paciente com o fim de apurar a razão da "causa mortis" de Anselmo. Com a mão estendida em seu centro de força coronário, fechei os olhos em oração tentando alcançar as ondas mentais de seus pensamentos. Inicialmente foi difícil, mas de repente senti novamente certo calor adentrar minhas mãos e meu cérebro; e, mergulhando em um turbilhão de pensamentos conflitantes do paciente, pude vislumbrar Anselmo em sua vida terrena, naqueles que seriam os últimos dias de sua existência material.

CAPÍTULO 3

A HISTÓRIA DE *Anselmo*

Em minha percepção, foi possível observar Anselmo em uma confortável mansão em região nobre dos jardins paulistanos. Era um empresário, que somava recordes de opulência e sucesso na vida, mas que na ocasião enfrentava enormes dificuldades financeiras.

Em seu escritório, na mansão onde residia, examinava documentos e relatórios financeiros, demonstrando contrariedade diante dos números que a contabilidade havia apresentado por meio do balanço patrimonial de sua empresa. Estava falido.

Empréstimos vultosos teriam de ser honrados nos próximos dias; caso contrário perderia o controle acionário de sua empresa, bem como os imóveis, que estavam em garantia de contratos, além da mansão onde residia.

"Maldito, miserável!" — vociferava consigo mesmo. O objeto de seu ódio era seu irmão Fabrício, alguns anos mais novo, que ao contrário de Anselmo, vivia um tempo de bonanças e sucesso empresarial. Ambos haviam herdado uma fortuna significativa com a morte de seus genitores. Mas, por que Anselmo estava em estado falimentar, e seu irmão gozava de situação financeira favorável?

Ao auscultar os pensamentos de Anselmo foi possível retomar suas memórias de alguns anos antes, quando ao herdar a empresa, começou a competir de forma desleal para afastar seu irmão da direção da empresa. Ele desejava e se considerava mais bem preparado para assumir a presidência em lugar de seu falecido pai.

Na verdade, Anselmo era o mais velho e diante do Conselho da Diretoria seria o sucessor natural do pai. Contudo, por ser extremamente arrogante e impiedoso nas tomadas de decisões, os membros do Conselho não viam com "bons olhos" aquela sucessão. Muitos tinham em conta que, para vencer seus concorrentes no mercado, Anselmo muitas vezes utilizava artifícios não muito leais, por assim dizer, para desalijar seus concorrentes de projetos e propostas, mormente de empresas governamentais, que era o foco principal dos negócios liderados por Anselmo.

Sabia se insinuar com políticos inescrupulosos, com administradores gananciosos, que tinham poder de decisão, manipulando os interessados com facilidade, mediante polpudas propinas, que direcionavam em favor da empresa importantes licitações de obras superfaturadas. O resultado era tão bom, que no final distribuía propinas à farta e ainda sobrava muito dinheiro à empresa e ao próprio bolso de Anselmo, que se incluía nas trampolinagens e trambiques.

Tudo isso depunha contra ele, e na reunião do Conselho, onde seria definida a escolha para o novo Presidente da Empresa, ao verificar que a escolha recairia em favor de seu irmão Fabrício, entrou com impugnação judicial do ato. Seus advogados conseguiram uma liminar sob o argumento de que por ele ser o primogênito a escolha natural da presidência deveria recair sobre sua pessoa.

O Juiz deferiu, favoravelmente, dando prazo para impugnação dos contrários. Enquanto não houvesse uma análise de mérito para uma decisão final, a liminar tinha validade plena, de forma que Anselmo pôde assumir a presidência da empresa.

Não obstante, para surpresa de todos, os Conselheiros que em reunião extraordinária aconselharam Fabrício a entrar com embargos declaratórios se opondo àquela decisão liminar, o irmão mais novo de Anselmo renunciou a seu direito, para não prejudicar os negócios da organização.

O fato é que assim que assumiu a presidência, Anselmo colocou em prática seus planos, visando afastar o irmão da organização. Os membros do Conselho da empresa o aconselharam que, em retribuição ao nobre gesto de Fabrício que havia renunciado a seus direitos para o bem da empresa, o próprio Anselmo o escolhesse para Vice-Presidente da organização. Cargo esse que era muito honroso e que certamente apaziguaria os ânimos de todos os integrantes da Diretoria e do Conselho.

Mas, não era exatamente isso que Anselmo desejava em seus pensamentos mais ocultos. Na verdade, o que desejava mesmo era humilhar o irmão de modo que com o tempo se afastasse da empresa. Dessa forma, colocou-o na função de Diretor Comercial, que também era um cargo de expressão, mas sujeito às ordens hierárquicas do Presidente.

Assim, aos poucos, Anselmo passou a solapar a autoridade do irmão: desautorizando muitos de seus projetos de negócios; atravessando ordens hierárquicas do departamento comercial, dirigindo-se diretamente aos subordinados de

Fabrício sem o consultar; emitindo ordens contrárias às de Fabrício; renegociando contratos já praticamente fechados em bases menos favoráveis à empresa. Enfim, gradativamente, foi minando a autoridade do irmão que, em determinada conjuntura, decidiu pedir demissão do cargo e se afastar definitivamente da empresa.

A verdade é que Fabrício estava a "ponto de explodir". Afastar-se da empresa foi a atitude mais racional a ser tomada, medida apropriada para evitar uma contenda com o irmão, embora guardasse em seu peito profundo ressentimento.

O rapaz havia acumulado alguns recursos financeiros, oriundos de sua própria poupança, ampliados substancialmente com a sua cota da herança, uma soma que lhe permitia a realização de seu sonho: abrir a própria empresa, mais modesta do que a de seu pai, mas que lhe possibilitaria colocar em prática seus sonhos e ideais de desenvolver negócios em bases honestas.

Fabrício sabia das ilicitudes cometidas pelo irmão para fechar contratos vultosos com empresas públicas e órgãos governamentais. Não era isso que desejava. Seu ideal era edificar uma organização, mesmo que pequena, e pudesse operar no mercado privado, em que a competição era acirrada, mas com certeza, mais honesta.

Assim que venceu os trâmites burocráticos, que habilitavam o funcionamento da empresa, abriu um escritório modesto na região central de São Paulo. A notícia logo se espalhou, e vários funcionários vinculados às organizações comandadas por Anselmo procuraram por Fabrício.

Ele não desejava criar atrito com o irmão, temendo represálias. Afinal, ele estava apenas começando o negócio e ainda não detinha carteira de clientes definida que pudesse lhe oferecer tranquilidade. Contudo, os profissionais que o procuravam eram referência no mercado, antigos na organização, portadores de larga experiência, mas que já não suportavam mais os desmandos e os arroubos ditatoriais de Anselmo. Queriam oferecer seus préstimos embora sabendo da modesta possibilidade de Fabrício em arcar com altos salários.

Não obstante, eram pessoas da mais alta estima de Fabrício, profissionais honestos que desejavam, igualmente, buscar novos ares, mais arejados. Entre eles, uma pessoa que havia dedicado muitos de seus sessenta e cinco anos à empresa do pai de Fabrício, por quem era respeitado. Era o Sr. Alcebíades que também fazia parte do Conselho em razão de sua idade e experiência; ele havia sido colocado naquela posição de honra por gratidão de Lindolfo, o pai de Anselmo e Fabrício.

Tão logo Fabrício se afastou da organização, e que Anselmo se sentiu confortável, começou a articular sorrateira trama para afastar Alcebíades. Tanto trabalhou que finalmente conseguiu seu intento. Entretanto, suas atitudes insidiosas não passavam despercebidas aos demais membros da diretoria, bem como aos membros do alto escalão da empresa.

"O clima ficou pesado" e o ambiente tornou-se irrespirável dentro da organização.

Profissionais locados nos postos-chaves não suportavam mais o clima de insegurança que se estabeleceu. Então, começaram a procurar alternativas de trabalho no mercado, e perante a notícia de que Fabrício havia aberto uma empresa e começado as operações, a debandada foi natural.

Sem dúvida, Fabrício sentiu-se feliz ao receber aqueles profissionais, por quem sentia amizade e apreço, entretanto se sentiu receoso em dar um passo maior, além de suas possibilidades. Por princípio, Fabrício jamais dizia não para quem quer que fosse. Quando tinha dúvidas pedia tempo para pensar melhor e dar uma resposta depois. Foi o que aconteceu.

Naquela tarde, sentado em sua poltrona, diante de sua escrivaninha, olhando para o retrato de seu pai na parede, sentiu imensa saudade bater em seu coração. Fechou os olhos por alguns instantes e em pensamento pediu ao pai que pudesse orientá-lo. Acreditava na vida após a morte e tinha plena convicção de que em algum lugar, em um espaço ou em outra dimensão, seu pai estava vivo e certamente acompanhando tudo o que estava acontecendo. O que fazer? Primeiramente, não tinha recursos financeiros para custear uma folha de pagamentos alta, considerando a contratação de profissionais de alto gabarito. Em segundo lugar, não queria dar a impressão de estar afrontando o irmão admitindo profissionais recém-desligados da empresa de Anselmo. E, finalmente, tinha preocupação em criar expectativas com pessoas idôneas como aquelas que o estavam procurando e que, eventualmente, depois não pudesse cumprir.

O rapaz era sensível, e se tinha uma lição que havia aprendido com sua mãezinha, desde criança, era que em situação de aflição, deveria orar. Abriu a gaveta e lá estava um livro que havia recebido de presente de Alcebíades, obra que ele nunca havia tomado coragem para ler: era *O Evangelho Segundo o Espiritismo*. Havia no livro uma dedicatória, que até então não havia dado muita importância: "Ao meu amigo Fabrício, rogo a Jesus, O Divino Amigo, que sempre o ampare, o ilumine e o inspire perante as dificuldades da vida. Nos instantes de solidão, busque no Cristo a força que necessita, segure na mão de Deus e vai... Sem medo. Assinado: Alcebíades".

Após a leitura, Fabrício sentiu certo sobressalto, e seu coração palpitou. Sentiu calor que o envolvia, e seus olhos ficaram orvalhados. Era como se seu pai estivesse ao seu lado o abraçando. As palavras contidas na dedicatória de Alcebíades era tudo o que Fabrício precisava naquele instante. Fechou os olhos e agradeceu a Deus! Porém, não teve muito tempo em suas meditações, pois a secretária bateu à porta e pediu licença.

— Doutor Fabrício, o senhor tem uma visita.

Uma visita inesperada? Quem poderia ser? Não teve muito tempo para divagações, porque em seguida a secretária esclareceu: — O Senhor Alcebíades está aqui para falar com o Senhor. Ele pediu desculpas, porque não havia agendado a visita. Se o senhor puder recebê-lo tudo bem, ele disse; caso não possa, ele volta outro dia, outra hora.

De imediato, Fabrício levantou-se impressionado: era muita coincidência. Acabara de pegar o livro que Alcebíades o havia presenteado anos atrás, havia lido sua dedicatória, que jamais tinha prestado atenção, e naquele momento ele estava batendo à sua porta.

— Mande-o entrar imediatamente! Por favor, não o deixe esperar e, por favor, traga um cafezinho para nós.

Alcebíades entrou e foi recepcionado com um abraço afetuoso. Notou que Fabrício estava emocionado, pois seus olhos estavam marejados.

— Desculpe por lhe importunar, Dr. Fabrício, mas hoje desde manhã tenho pensado em seu pai. Sempre tive um bom relacionamento de amizade com ele, você sabe disso. Ele sabia que eu era espírita e de quando em quando me chamava em sua sala para conversar sobre diversos assuntos. Era sempre um papo muito agradável e proveitoso. A verdade é que hoje, enquanto pensava em seu pai e em você, ouvi uma voz que não tive dúvidas, era seu pai dizendo que viesse lhe fazer uma visita. Que você estava precisando de um bom conselho.

— Senhor Alcebíades, isso que está me dizendo me emociona, porque há alguns minutos estava eu aqui preocupado com uma série de problemas e olhei para a parede — está vendo lá? — apontou com o dedo.

— Sim, o retrato de seu pai!

— Pois é, olhei para o retrato e senti saudades do meu velho! Papai era tudo para mim, meu apoio, minha referência, mas sempre e acima de tudo meu grande amigo. Meu sentimento de amor e respeito por meu pai não tem dimensão, e em minha concepção, em meus pensamentos imagino que papai continua vivo em espírito, e que em algum lugar ele deve estar acompanhando tudo o que acontece em minha vida e na vida de Anselmo.

Fabrício fez uma pausa, pois estava bastante emocionado. Em seguida, retomou o diálogo e completou o raciocínio.

— O que o senhor está me dizendo, na verdade para mim é a confirmação de tudo que estava em pensamento procurando resposta. Acredito piamente que papai falou com o senhor, porque senti a presença dele aqui comigo alguns minutos antes de o senhor chegar. Além do mais, abri a gaveta e olhe o que encontrei — disse mostrando o livro que havia recebido do amigo, anos antes. — Foi então que li sua dedicatória, e em seguida minha secretária anunciou que o senhor estava aqui me procurando. Isso não é coincidência — disse mais uma vez, emocionado.

Abraçou o amigo e convidou-o a se sentar ao tempo que a secretária chegava com o cafezinho. Enquanto saboreavam o café, participou ao amigo as suas preocupações. Alcebíades deu um sorriso e disse:

— Foi por isso que vim aqui, Fabrício. Tão logo tive esse contato espiritual com seu pai, me veio uma inspiração: que você possa contratar todos esses amigos que têm batido em sua porta em busca de oportunidade. Você pode propor a eles que venham, não na condição de simples empregados, mas de sócios minoritários para que no final possam compartilhar os dividendos e lucros da sociedade. Você será sempre o acionista majoritário. O que acha?

Fabrício sorriu. A ideia de Alcebíades era muito interessante, até porque seria um enorme prazer contar com os préstimos e experiências de profissionais competentes e honestos, na condição de parceiros naquela sociedade. Mas, como eles receberiam aquela proposta? Será que aquela ideia seria bem recebida por todos?

Ao expor sua dúvida, o velho conselheiro de Lindolfo sorriu confiante: — Fabrício, você certamente terá uma grande surpresa. Conheço muito bem os profissionais que o estão procurando e posso assegurar que se sentirão honrados com essa sua proposta. Vá em frente, não tenha medo, pois eu tenho certeza, sua empresa em breve se tornará uma referência no mercado.

— Então, o primeiro convidado será você, meu amigo Alcebíades. Aceita fazer parte dessa sociedade, como um sócio minoritário?

O velho amigo sorriu comovido, enquanto lágrimas abundantes corriam de seus olhos.

— Que emoção! — disse. — Sinto-me honrado com esse convite. Como recusar tamanha honraria?

— Então, pode começar a partir de amanhã. Você será meu conselheiro! Quero você ao meu lado! Esteja aqui amanhã cedo. Enquanto providencio uma sala adequada para seu trabalho, vou colocar uma cadeira ao lado de minha mesa e ainda hoje vou convidar nossos amigos de modo que estejam aqui amanhã a partir das 08h para que juntos, você e eu, possamos conversar com eles apresentando a proposta.

O dia posterior foi um dia de muitas alegrias para Fabrício. Todos aceitaram a proposta com entusiasmo, na certeza de que teriam motivos de sobra para comemorar, porque sem dúvida aquele era um time vencedor. Todos manifestaram confiança irrestrita no sucesso da empresa, que seria fruto de um trabalho honesto e competente.

Fabrício alugou algumas salas disponíveis naquele andar do prédio e providenciou mesas e equipamentos para acomodação de todos, mesmo que de forma improvisada, e o trabalho foi intenso. O escritório de Fabrício foi amplamente divulgado. Em pouco tempo, estavam atuando no mercado com muita competência conquistando clientes importantes bem como vários outros da carteira da empresa de Anselmo.

Em menos de um ano, Fabrício teve de mudar o escritório, transferindo-se para um espaço mais amplo na Avenida Paulista. Todos estavam entusiasmados e com “garra” para o trabalho que refletia diretamente nos ganhos dos profissionais. Fabrício fazia questão de apresentar os resultados contábeis compilando as planilhas de forma bem clara com o demonstrativo financeiro de acordo com a participação de cada um. Três anos se passaram, e a empresa cresceu muito em resultados e se consolidou no mercado tal qual uma empresa confiável e inovadora. Os profissionais mais renomados do mercado desejavam participar da organização comandada por Fabrício.

Anselmo acompanhava a distância o sucesso de seu irmão, a fuga de seus profissionais, a perda de seus clientes, assim também os resultados financeiros, que a contabilidade demonstrava ao apresentar números negativos. Os balanços não enganavam, o caixa estava no vermelho, resultantes de negócios malfeitos, analisados equivocadamente. A situação era muito difícil, mas Anselmo não queria renunciar à ostentação e, para cobrir compromissos, obrigou-se a lançar mão de empréstimos, colocando em garantia o patrimônio adquirido ao longo de tantos anos.

O rancor e o ódio corroíam o coração de Anselmo. Queria ver o irmão no "fundo do poço", falido, implorando por socorro de modo que ele pudesse pisar ainda mais para afundá-lo em vez de o ajudar. As noites maldormidas eram repletas de pesadelos em que via seu irmão triunfando enquanto ele naufragava.

Naquela noite, estava solitário em sua mansão, remoendo seus rancores, destilando seu ódio do irmão enquanto examinava as contas e a situação precária em que vivia. Então, a chave de uma oportunidade se apresentou: uma licitação para concorrência de uma grande obra acabara de ser aberta. O valor era de milhões, que seria a salvação da empresa capitaneada por Anselmo. Não teve dúvidas: acionou seus contatos para que os requisitos e exigências às empresas participantes fossem severos. Era uma ação bastante usual nas empresas de Anselmo, que visava eliminar os concorrentes, de forma que no final apenas sua empresa cumprisse com as exigências estabelecidas. Por conseguinte, Anselmo "nadaria de braçadas", vencendo todas as licitações que desejava.

Assim procedeu e compareceu confiante no dia da abertura das propostas. Realmente, conferiu que os concorrentes foram sendo eliminados um a um, restando no final apenas duas empresas: a de Anselmo e a de Fabrício. Tinha certeza de que o irmão não poderia atender a todas as exigências impostas, mas para sua surpresa, a empresa de Fabrício venceu a concorrência por atender a todos os documentos exigidos bem como apresentar uma proposta com valores bem mais coerentes e, sobretudo, honesta. No plenário da concorrência, diante dos presentes, Anselmo não conseguiu se conter e, ameaçadoramente, investiu contra o irmão a fim de agredi-lo. A custo, ele foi contido pelos presentes. Em total descontrole emocional, completamente tomado de ira, e, destilando ódio incontido, Anselmo vociferava em altos brados:

— Vou te matar, vou te matar! Você não é meu irmão, é só um bastardo que meu pai criou! Eu vou destruir você, sua empresa, vou te arruinar, vou te matar! — gritava ele enlouquecido, com o rosto avermelhado.

Anselmo estava inteiramente fora de controle; seus olhos pareciam querer saltar das órbitas e sua boca espumava de raiva. Era uma cena de completo constrangimento a todos, de forma que o coordenador daquela reunião pediu aos seguranças que retirassem Anselmo do ambiente.

Assim aconteceu. O irmão de Fabrício foi retirado à força do local e, ainda mesmo a distância, podia-se ouvir os gritos assustadores de alguém que parecia estar possuído por uma força maligna.

— Vou matar você! Bastardo! Você é um bastardo!

Fabrício, visivelmente constrangido, não sabia o que dizer. Pediu desculpas em nome do irmão. O que mais poderia fazer?

Anselmo não havia vencido aquela concorrência, mas havia conseguido colocar uma dúvida na cabeça do irmão: por que ele o havia chamado de bastardo? Será que Anselmo sabia de alguma coisa que ele não sabia? Seria realmente um filho adotado? Filho de algum relacionamento estranho de seu pai? Poderia não ser verdade, mas aquela dúvida passou a habitar sua mente, tirando-lhe a paz de espírito.

Por sua vez, Anselmo, inconformado com aquela situação, pegou seu carro e saiu pelas ruas dirigindo feito um dementado, de forma imprudente, acelerando em locais onde a velocidade não permitia. Logo em seguida, diante de farol vermelho, em vez de frear, Anselmo acelerou ainda mais. Ato contínuo, um carro avançou, e a colisão foi inevitável, violenta e fatal.

O carro de Anselmo era importado, equipado com *airbags*, ao contrário do outro veículo que foi arremessado para o outro lado da via com a violência do impacto. O motorista e o acompanhante, um jovem ainda imberbe[4], infelizmente tiveram morte quase que imediata. O socorro veio em pouco tempo, mas nada puderam fazer.

Anselmo foi levado a um hospital próximo, com ferimentos leves, mas acometido por raiva desmedida e sentimento de ódio incontrolável, creditando ao seu irmão todas aquelas

4 Que não tem barba.

desventuras. Ao dar entrada ao pronto-socorro, sentiu dor aguda na região do tórax, sua vista escureceu e tudo girou em sua volta. Levou a mão ao peito e gritou de dor tal qual fera ferida, prisioneira em uma jaula de morte. Ainda conseguiu registrar os gritos dos paramédicos solicitando ajuda.

— Rápido, o paciente está enfartando!

Anselmo nada mais registrou. Tudo se apagou em sua mente.

CAPÍTULO 4

A ENERGIA DESTRUTIVA *do ódio*

De volta ao atendimento, pude concluir o exame de Anselmo. O paciente parecia ter encontrado um pouco de paz, ressonando com a cabeça sobre uma pequena elevação de terra onde algumas gramas proliferavam, servindo de travesseiro improvisado para aquele irmão em conflitos dolorosos.

Aproveitei para esclarecer meu companheiro de trabalho acerca do que havia observado em relação à *causa mortis* do paciente. Quando afirmei, que a principal razão pela morte de Anselmo havia sido o ódio, Eleutério estranhou demais o diagnóstico proferido.

— Augusto, já vi que aqui nesse Plano tudo é possível, e que muitas vezes os preceitos que aprendemos a considerar na medicina terrena aqui não parecem ter muita lógica, mas essa para mim é demais. Como poderia entender que o sentimento de ódio seria o diagnóstico de *causa mortis*? Nunca ouvi isso antes e jamais imaginei que um dia ouviria algo parecido.

Sorri com a observação do amigo, porque eu mesmo há pouco tempo estaria expressando indignação similar. Confesso que, em verdade, eu me surpreendia com esses novos diagnósticos que simplesmente vinham em minha mente como que por inspiração. Entendia que vivia um contexto singular em termos de novas experiências, na condição de médico, verificando fatos incontestáveis, visto que podia auscultar pacientes sem estetoscópio, adentrar as ondas mentais dos assistidos, se assim fosse necessário. E que podia identificar com visão mais aguçada os efeitos das energias emocionais do próprio paciente sobre seus órgãos e vísceras. E que minha mente parecia resgatar ou acessar algum fragmento de pensamento no espaço em que encontrava rica fonte de conhecimento, que vinha ao encontro de meus questionamentos.

Em minha mente, após a palestra que tivera o privilégio de ouvir na noite anterior, aquele fato se apresentava como algo perfeitamente compreensível e natural. Então, expliquei ao meu colega e companheiro, naquele trabalho de atendimento, acerca de uma medicina diferenciada.

— Eleutério, como sabemos, a ciência avançou muito através das pesquisas ao longo dos tempos, e mais recentemente pela Física Quântica veio revolucionar conceitos científicos, concluindo que tudo no universo é energia. Não existe vazio absoluto, pois todo espaço é preenchido por matéria em sua complexidade — fina ou densa — gases, hidrogênio, luz, energias invisíveis e pulsantes; além da antimatéria, ainda distante da compreensão humana, porém a ciência já começa a buscar conhecimentos mais profundos a respeito. De fato, estamos mergulhados em energias diversas, mas o que nos interessa compreender são os impactos que trazem à nossa saúde física, especialmente as energias oriundas dos sentimentos humanos que nos movem. Essas geram energias mentais e emocionais a impactarem diretamente nossas vidas, seja nos aspectos espiritual e físico, seja nos aspectos mental e emocional. Nós somos energia em nossa essência.

Tivemos o privilégio de aprender com Jorge, que na condição de um preceptor amigo, elucidou-nos sobre a importância e os efeitos das energias emocionais em nossas vidas, ampliando a compreensão de que em termos de saúde ou doença tudo começa no espírito, porque é ele que raciocina, que sente as emoções, razão pela qual nós o denominamos princípio inteligente. Os nossos pensamentos representam a exteriorização mental de nossas emoções e de acordo com a intensidade ou a explosão dessas emoções, sejam elas positivas, elevadas, ou negativas, impactam diretamente em nosso vaso físico, conforme o diapasão vibratório e energético dessa energia emocional.

No caso de Anselmo, a *causa mortis*, atestada pela medicina terrena, foi um ataque cardíaco fulminante que o levou ao túmulo. Mas, aqui no lado espiritual, com os novos conceitos mais ampliados de medicina, podemos concluir que Anselmo vinha há algum tempo envenenando suas células e seu organismo de forma geral com energias nocivas e deletérias de ódio, explosões de ira e raiva, resultando em alterações em sua pressão arterial. O estado de seu organismo, extremamente comprometido pelo estresse exacerbado e por um sistema nervoso sobrecarregado, agravou ainda mais o funcionamento de seu coração em razão das frequentes explosões emocionais negativas de ódio, comprometendo a sístole e a diástole[5], totalmente fora de controle.

5 Sístole e diástole são termos utilizados na medicina para definir o ciclo cardíaco — a contração e o relaxamento do coração onde se identifica a pressão arterial do paciente.

Bastavam apenas novas descargas emocionais negativas para provocar uma série de efeitos em cascata e impactar diretamente o coração de Anselmo. Naquele dia, a explosão intensa de ódio foi a gota d'água a derramar do copo, e, como consequência de seu descontrole emocional, o coração não resistiu. O que não significa que o diagnóstico, segundo a medicina terrena, esteja errado, mas eu repito, no caso de Anselmo o Efeito é que foi considerado, não a Causa. A Causa de tudo foi o sentimento acentuado de ódio descontrolado por longo tempo, que redundou no infarto fulminante do miocárdio.

Meu companheiro sorriu diante da minha exposição e complementou: — Realmente, Augusto, não posso deixar de concordar com esse diagnóstico. Interessante que o efeito foi de fato o infarto, mas a causa primária de tudo recaiu sobre o descontrole emocional de nosso irmão Anselmo, que através do sentimento de ódio cavou sua própria sepultura.

Não pude deixar de sorrir diante da observação de Eleutério. Prosseguimos em nossa jornada de atendimento, enquanto Anselmo repousava adormecido no gozo daquele breve hiato de paz, oferecido pela misericórdia Divina a um espírito atormentado.

Ao final do dia, retornamos ao nosso ponto de repouso. Já mencionei que aquele local se modificava gradativamente, tornando-se um local até mesmo agradável, destoando das demais regiões do Vale onde o ambiente se apresentava soturno, lamacento, fétido e nevoento; nosso oásis era verdejante, o céu se apresentava claro, e à noite podíamos identificar estrelas refulgindo na abóbada celeste.

Fizemos nossa oração costumeira. Com o coração sensibilizado, agradeci ao Senhor da Vida pelos conhecimentos que havia amealhado e pela oportunidade de colocar esse aprendizado a serviço de irmãos sofredores, em conformidade com o entendimento que havia adquirido com nosso irmão Jorge.

Assim que adormeci, percebi como se estivesse em um sonho. Cheguei a um local onde havia muita luminosidade, que a princípio ofuscou minha visão. Tão logo minha vista se acomodou, passei a identificar um salão amplo iluminado com luzes fosforescentes. Então, destacou-se a presença de um amigo que se aproximou. De imediato, identifiquei Jorge, que me abraçou. A emoção foi forte, e meus olhos ficaram marejados.

— Meu querido irmão — disse-me –, tenho acompanhado a distância o trabalho por vocês desenvolvido, e à medida do possível, quando a sintonia é propícia entre nós, principalmente nos momentos de oração, consigo transmitir mentalmente novos conceitos, que você já aprendeu a identificar, porque surgem em sua mente "insights", em forma de inspiração, que você até de certo modo considera normal, porque realmente o é.

— Sua dedicação amorosa em favor dos irmãos sofridos do Vale tem permitido que, periodicamente, você seja trazido para nossa esfera em desdobramento perispiritual e assim possa expandir seu conhecimento, de suma importância para seu trabalho, a exemplo de novos conceitos que em breve você deverá levar ao ser humano encarnado. Esse vive dias conflituosos em explosões emocionais, próprias desse período conturbado da transição planetária em curso. E você, ao se apropriar desse conhecimento, conseguirá se preparar adequadamente para viver em paz consigo mesmo tendo como benefício, além da paz espiritual, uma vida mais saudável em termos de saúde física e mental.

Após proferir a orientação, Jorge abraçou-me igual a um irmão querido, levando-me até uma sala reservada com o propósito de ampliar o meu aprendizado em relação aos impactos da energia oriunda do ódio na vida humana, tanto no aspecto físico, quanto espiritual.

Chegando à sala, sentei-me no local indicado; o amigo solicitou que fechasse os olhos e permanecesse em oração. Em seguida, senti que Jorge colocava sobre minha cabeça um aparelho de forma côncava com terminais, tais quais eletrodos, que tão logo foram conectados começaram a disparar pequenos raios luminosos em minha mente. Pude perceber de imediato uma torrente contínua de energias luminosas a transmitirem sensação de paz e leveza espiritual. Parecia que estava em uma viagem através de um túnel de luz onde aquela luminosidade agregava à minha mente conhecimentos profundos, como se estivesse fazendo um *download*. Senti certa sonolência, sem, contudo, perder a consciência; ouvi a voz de Jorge, que parecia ressoar a distância, a me dizer de forma conclusiva e agradável:

"Se o ser humano tivesse consciência da energia maléfica e do poder destrutivo que representam as energias do ódio, sem dúvida perdoaria infinitamente, sem restrições, como recomendou nosso Mestre Jesus, quando nos exortou a perdoar não apenas sete vezes, mas setenta vezes sete.

O perdão alivia o coração amargurado, livrando-o de um pesado fardo, harmoniza o espírito atormentado, desalija do corpo físico pesada carga emocional, limpa a aura energética da criatura e santifica seus sentimentos, porque o perdão é um sentimento divino, a mais elevada tradução de amor que um ser humano pode expressar.

É importante entender que as energias provenientes do ódio configuram uma carga energética extremamente negativa e letal a envenenar a mente, a desequilibrar o sistema nervoso central, a abrir portas perigosas na sintonia mental para a intrusão de entidades infelizes a se nutrirem do ódio, para desencadear processo obsessivo que potencializa o desequilíbrio emocional e espiritual. A consequência é a somatização no corpo físico de doenças perigosas e nefastas. Enfim, o sentimento do ódio cria uma cadeia perigosa em todos os sentidos, que envolve a criatura em um cipoal tenebroso de energias deletérias a prejudicar aquele que odeia em todos os sentidos.

Em outras palavras, ao analisarmos as consequências danosas do ódio no campo espiritual, podemos afirmar que este abre campos mentais preocupantes à instalação de pesados processos obsessivos; isso ocorre em virtude da perigosa sintonia vibratória que se estabelece entre o encarnado, que nutre o ódio, e as entidades espirituais que a ele se associam pelo sentimento do qual se alimentam mutuamente.

No campo emocional, o desequilíbrio é completo, pois aquele que odeia compromete de forma rápida todo sistema nervoso, tornando-se uma pessoa desagradável, inconveniente e propensa a ataques de irritação e fúria quando seus pensamentos convergem àquele que é o objeto de seu ódio.

No que tange ao campo da saúde física, podemos considerar que o desastre é ainda maior, pois o processo de multiplicação das células, conhecida na medicina terrena como mitose — que em uma criatura pacificada funciona de forma harmônica e equilibrada —, ocorre de forma inversa na criatura que odeia. À medida que ocorre esse processo de multiplicação, as células são bombardeadas por descargas de energias emocionais nocivas e doentias, tóxicas e deletérias, geradas pelo ódio, criando campo energético propício à desarmonia celular. Sabemos que as células do nosso corpo se alimentam de várias formas, com alimentos sólidos, líquidos, gasosos, energias cósmicas, energias luminosas do sol, mas principalmente se nutrem das energias mentais, geradas pelos nossos pensamentos, oriundos dessas emoções positivas ou descontroladas.

No caso das energias geradas pelo sentimento do ódio, as células, gradativamente, adoecem, impactadas que são constantemente por tais energias, chegando a um ponto em que o processo da mitose, que deveria se apresentar de forma harmônica, dá lugar a um fato extremamente preocupante, pois as células passam a se multiplicar de forma descontrolada, em completa desarmonia, à revelia do processo natural como se fosse uma rebelião celular; criam, dessa forma, tumores agressivos provenientes dos impactos reiterados das energias doentias do ódio. Em muitos casos, tais tumores se transformam nos temidos tumores cancerígenos, que no processo da dor levam amargura ao paciente que nutre ódio e possivelmente ao óbito, de forma extremamente dolorosa e lenta. Por isso, a afirmação de que o ódio é um terrível veneno que quem odeia toma todos os dias, na expectativa que seu inimigo morra.

Devemos nos estender ainda um pouco visando ao melhor entendimento de todos. Lembremos que as consequências nefastas do ódio vão muito além de tudo isso, visto que as energias provenientes do ódio, da raiva bombardeiam diariamente e de forma contínua a casa mental do indivíduo com energias densas e sombrias. A mente do indivíduo se desarvora dado que esse processo cria campo propício à proliferação de miasmas e resíduos opressivos gerando confusão e desequilíbrio lógico.

Em suma, quando a mente entra em desarmonia, o sistema endócrino sofre os efeitos danosos e produz hormônios desnecessários: o sistema arterial fica com graves comprometimentos provocados pelo aumento da pressão; o coração passa a trabalhar com sobrecarga para compensar as dificuldades arteriais; o sistema gástrico sofre os impactos da segregação constante de sucos gástricos, que comprometem a saúde do estômago, ocorrendo com frequência problemas estomacais graves (gastrites e úlceras), bem como lesão no peristaltismo do intestino; afrouxa-se o piloro e por último podemos dizer que envolve a próstata, finalizando igualmente com processos cancerígenos mortais.

Ademais, não podemos deixar de esclarecer que a morte não produz milagres, não transforma a criatura nem a santifica pelo simples fato de que aquele que odeia, continua a odiar no outro lado da vida; aquele que é rancoroso, continua a alimentar os seus rancores; aquele que é vingativo, segue em seus projetos de vingança. A verdade é que os sentimentos do ódio, das mágoas, dos rancores são inerentes ao espírito e irão acompanhá-lo onde estiver, motivo pelo qual reafirmamos: a morte não opera milagres nem santifica aqueles irmãos sintonizados às energias destrutivas do ódio.

Nada obstante, o espírito necessita evoluir. Em verdade, a evolução, conforme as Leis Divinas, é inevitável: virá pelas vias do amor ou pelas vias da dor. Entretanto, ressaltamos — aquele que insiste em odiar, desemboca no caminho da dor. Porém, no final o amor sempre prevalece, e o perdão é a regeneração do espírito, a santificação da alma. A evolução é imprescindível para o desvencilhar de tão pesado fardo, que resulta em sofrimentos e tormentos sem fim, e que muitas vezes acompanha o paciente em várias existências expiatórias. Estas são marcadas por dor e amarguras, até que o espírito consiga superar tal sentimento libertando-se desse mal que aniquila e destrói vidas, que poderiam ser vividas com alegria e amor.

Por isso, podemos afirmar que, o perdão é uma verdadeira terapia para o espírito que adoeceu se alimentando do veneno do ódio. E para aquele que ainda não entendeu a lição do perdão, afirmamos que simplesmente terá futuras existências comprometidas, até que compreenda que o ensino mais precioso do amor e da caridade é o perdão incondicional, recomendado por Jesus, O Divino Amigo. Para tanto, é importante ressaltar que o caminho do perdão é longo e árduo, motivo pelo qual é meritório, por exigir daquele que perdoa enorme esforço, na luta consigo mesmo, a fim de vencer em seu íntimo esse sentimento destrutivo.

Ampliando-se um pouco mais esse conceito, podemos afirmar que o perdão pode ser considerado uma caridade. Sim, uma caridade extremamente difícil de ser praticada, justamente porque requer do espírito incalculável esforço na transformação de si próprio. Para a transmutação do ódio em amor, que é o passo seguinte, informamos que se trata de processo de largo curso, vagaroso e gradual, mas extremamente compensador, visto que quem perdoa, desalija de si pesado fardo destrutivo, transmuta sentimento denso e sofrido em energias suaves de alegrias e amor.

Aquele que perdoa isenta-se de tormentos inomináveis, que levam o espírito à loucura, perdendo completamente a razão e o raciocínio. Como dissemos, quem alimenta ódio deixa de usufruir das benesses que a vida fartamente oferece, na medida em que não consegue vislumbrar o lado bom da vida, do afeto e do carinho com os seres que ama, pois o vaso de seu coração encontra-se repleto de fel a transbordar, tornando-o infeliz.

Mas, acima de tudo, salientamos uma vez mais, o perdão é a caridade que o indivíduo pratica em seu próprio benefício. Por essa razão, podemos dizer sem receio de errar que perdoar é um ato divino que nos aproxima dos seres de luz, mas é também uma questão de inteligência."

Assim terminou sua fala, o dileto amigo Jorge.

De repente, tudo se apagou em minha mente e mergulhei na inconsciência. No dia seguinte, despertei alegre com sensação indizível de bem-estar e alegria no coração, recordando com clareza tudo o que havia ocorrido na noite anterior: os ensinamentos, cada item, cada palavra.

CAPÍTULO 5

O Autoperdão

Entendi que todo conhecimento que estava recebendo de Jorge — o que eu considerava um grande privilégio, por acréscimo de misericórdia Divina –, tinha por missão transmiti-la a Eleutério. Assim o fiz, procurei reproduzir os ensinamentos recebidos de acordo com meu entendimento e minhas palavras. Eu me senti feliz por ter alcançado meu objetivo, pois logo após a minha explanação Eleutério complementou:

— Interessante, porque realmente tenho de concordar com a assertiva desse novo conceito de perdão, porque sempre achei injusto, principalmente em tempos mais recuados, em que aquele que por algum motivo ou outro se sentia ofendido e movido pelo ódio desafiava seu oponente para um duelo, nem sempre era o ofendido que vencia. Muitas vezes, era o ofensor que além do mal praticado, ainda tirava a vida de seu adversário.

Eleutério refletiu certo tempo para em seguida complementar suas observações. — Entendi tudo o que você disse e confesso, estou impressionado com a situação, ou seja, aqueles que não perdoam, levam esse sentimento de ódio em seus corações para outras existências. Entendo que o ódio se assemelha a uma algema a aprisionar em elos dolorosos aqueles que o indivíduo odeia, e certamente se romperão libertando os ofensores somente quando o ofendido se perdoar verdadeiramente. Então, quando finalmente pelo perdão se partem essas cadeias de sofrimento, e os espíritos se libertam, por isso você disse que seria a alforria do espírito.

— Também pensava assim, meu amigo Eleutério. Entretanto, considero que dois espíritos inimigos, que se perseguem e se digladiam por existências a fio, ao se perdoarem e alcançarem sua libertação, poderiam cada um ir para o seu lado, mas não é isso o que muitas vezes acontece, segundo o entendimento que consegui apreender de toda essa lição.

— Como assim? — questionou meu amigo.

Eu esperava por esse questionamento, então sorri e respondi: — Vamos tentar esclarecer melhor. Antes de alcançarem a graça do perdão recíproco, esses espíritos reencarnam por várias existências na mesma família para a convivência das dores e dificuldades mútuas. Depois de algumas existências de lutas difíceis, apesar do antagonismo existente em seus corações, irão experimentar juntos os duros embates da vida. O sentimento do ódio pode ainda permanecer em seus corações, mas com o tempo a convivência vai desgastando gradativamente os sentimentos negativos. O mal torna-se cansativo e a convivência, apesar das diferenças, faz com que o ódio seja, aos poucos, aplacado em sua essência e substituído gradativamente por respeito e admiração. Importante ressaltar que o mal é transitório, apenas o bem é eterno. Então, esses espíritos já cansados de tanto ódio, nas lutas do dia a dia começam a perceber — um no outro — virtudes, valores, a despeito das diferenças. Com o passar do tempo esses irmãos, inimigos de longas eras, acabam por adquirir respeito, possível somente perante a luta conjunta, enfrentamento das agruras da vida.

— Por isso, que nada é por acaso, as dificuldades que uma família enfrenta, seja na parte material, espiritual ou por alguma enfermidade, é a lição dolorosa de modo que o amor possa florescer em corações estéreis, após longas batalhas de dor. Então, em espírito, quando retornam à pátria espiritual, esses irmãos sentem no coração que não são mais inimigos, porque romperam as algemas do ódio, que foi substituído pelo respeito, carinho e amor. Poderiam eles seguirem caminhos diferentes, mas não é isso o que ocorre; na maioria das vezes esses irmãos desejam, mais que tudo, prosseguir em novas lutas, juntos novamente, unindo esforços e sentimento. Nisso consiste a beleza do perdão incondicional apregoado por Jesus. O ódio aprisiona, o amor liberta!

Ao concluir meu raciocínio, senti a presença de Jorge em pensamento, ou seja, as informações transmitidas a Eleutério, há pouco, tinham sido mais um "insight", como havia me dito meu querido amigo na noite anterior.

— Agora entendi a razão, o porquê de Jesus orientar em seus ensinamentos que seria necessário reconciliar-nos com os inimigos enquanto estivessem no mesmo caminho, porque depois o inimigo nos denunciaria ao Juiz que enviaria o oficial de justiça e seríamos aprisionados até que pagássemos o último ceitil. Se entendi corretamente, devemos nos reconciliar com nossos adversários enquanto estamos na mesma existência, pois quando ocorrer a desencarnação estaremos jungidos pelas algemas do ódio, que nos coloca em uma prisão na qual teremos de conviver com nosso inimigo em várias existências até que possamos nos reconciliar, isso é, liquidarmos totalmente nossos débitos. Acho interessantíssimo esse conceito que estou entendendo melhor agora. Realmente, perdoar é uma atitude inteligente do espírito, que poupa a si de longas aflições por existências seculares caso não refaça os laços do perdão e do amor incondicional.

Sorri satisfeito. Eleutério havia entendido perfeitamente o conceito do ato de perdoar: além de um gesto de amor, também representava um ato de inteligência.

Prosseguimos naquela manhã com a assistência aos nossos pacientes. Em alguns casos, a evolução deles se mostrava bastante satisfatória. Era o caso de Eufrásio, nosso irmão que havia suicidado desferindo um tiro na própria cabeça. Ao nos aproximarmos, observei que ele se apresentava em estado de melhoria, embora ainda com espasmos de dor. Quando em estado de maior lucidez e compreensão de sua situação, nosso amigo entrava em descontrole mental e gritava em desespero de causa. Buscava, assim, na inconsciência uma fuga da própria realidade, o esquecimento do que havia acontecido.

"Meu Deus, por que fiz isso? Perdoa-me, Senhor! Perdoe, minha filha, esse seu pai que foi um louco e que sem pensar colocou tudo a perder!"

Ato contínuo, se colocava de joelhos e em lágrimas erguia as mãos para o alto exclamando repetidamente: "Perdoa-me, Senhor, porque pequei contra Ti, contra Tua Lei tirando minha própria vida. Perdoa-me porque não valorizei a vida e perdi tudo que me era da maior preciosidade e que mais amava na vida, que era minha filha! Agora nem a morte, nem a vida, nem minha filha amada! Eu me pergunto: quem sou eu? Um homem que se transformou em um farrapo sem valor e que não merece seu perdão ou um réprobo ingrato que não soube confiar em sua misericórdia!"

Ao expressar toda sua indignação, Eufrásio atirava-se ao chão vertido em soluços e lágrimas convulsivas. Impossível não se comover diante daquele quadro tão doloroso.

Nosso trabalho, entretanto, era oferecer o que de melhor tínhamos, com o intuito de recuperar aquele irmão em aflição, trazê-lo à consciência. Percebia, no entanto, que em estado de consciência seu sofrimento era ainda maior do que em estado de adormecimento, instante em que Eufrásio encontrava um pouco de paz para seu espírito atormentado naquele inferno, criado para si mesmo. Envolvemos novamente o infeliz irmão em passes energéticos de amor, do qual Eleutério e eu éramos instrumentos imperfeitos, e uma vez mais Eufrásio adormeceu profundamente em nossos braços. Eleutério observou:

— Reconheço que nosso trabalho contribui para a melhoria de nosso irmão Eufrásio, não é isso que estou questionando. O que gostaria de entender mais é até que ponto vale a pena trazer esse paciente para um estado de consciência, porque, quando está lúcido, se dá conta da situação desesperadora em que está e, em meu ponto de vista, parece-me que em seu desespero acaba retrocedendo emocionalmente, regredindo ao estágio inicial de desespero, sem saída, sem solução para seu problema.

A questão colocada por meu companheiro de trabalho era justa e compreensível. Sinceramente, eu não sabia o que dizer. Em pensamento, roguei aos benfeitores espirituais auxílio e inspiração. A resposta veio quase que imediata, pois senti leve onda de calor envolvendo meu centro de força coronário, que alcançou também o frontal, e, repentinamente, de modo inexplicável para mim, senti que minha mente se expandia, trazendo-me à compreensão o que acontecia no caso de Eufrásio. Forte fluxo de palavras assomava minha mente, de forma que conseguia verbalizar aquelas ideias com precisão. Foi, então, que procurei verbalizar as elucidações que captara.

— O caso desse irmão é extremamente complexo, visto que envolve a questão do autoperdão. Deve-se salientar a importância da recuperação psíquica de Eufrásio, porque o arrependimento é extremamente importante, mas por si só não basta. Para o infrator arrependido, a necessidade de resgatar e se reabilitar do mal praticado para readquirir sua dignidade diante de Deus e daqueles a quem tenha prejudicado com seu ato impensado é de extrema importância. Porém, quando o arrependimento vem acompanhado do sentimento de culpa extremada é algo que deve ser trabalhado com muito cuidado, pois o paciente se prostra diante de dor intensa e improdutiva, na qual se esvai em sofrimento de autopunição improfícua irrelevante.

— A autopunição torna-se um óbice ao espírito arrependido que deseja prosseguir em sua caminhada redentora, expiar o mal praticado e seguir em frente, refazendo os laços desfeitos do passado e readquirindo diante do Criador a dignidade que enseja em seu íntimo. O sentimento do perdão genuíno e sincero gera no indivíduo a necessidade de autoperdão que consiste na prática da caridade para consigo mesmo.

Difícil traduzir em palavras o que sentia em meu íntimo, pois após expor aqueles pensamentos, que traziam em seu bojo entendimentos profundos, sentia em espírito alegria inexplicável, que parecia me transportar para uma dimensão diferente de onde estávamos. Mas, logo em seguida voltei à realidade, como a despertar de um sonho, porque Eleutério fazia alguma observação.

— Augusto, uma hora dessas você vai ter de me explicar o que acontece, porque observei que você estava proferindo palavras que, à minha observação, não eram suas. Parecia-me que era outra pessoa que falava, embora fosse você verbalizando esses ensinamentos, que confesso, surpreenderam-me, dada a clareza para a compreensão desse assunto.

As palavras de meu amigo me deixaram contente, posto que as ponderações de Eleutério eram sempre muito respeitosas e pertinentes.

— Você tem razão amigo, eu tenho plena consciência de que apenas proferi esses ensinamentos, apenas sei e isso me basta. Já entendi que oferecer campo vibratório adequado significa servir de instrumento para trazer à nossa compreensão assuntos mais complexos sobre os quais ainda não atentávamos. A verdade é que sinto que nessa situação consigo angariar conhecimentos e ampliar meus horizontes de entendimento. Entretanto, vamos retomar o caso de Eufrásio, que é o sentimento de culpa, a autopunição e a necessidade de autoperdão na forma de caridade para consigo mesmo. Sinto-me confiante, pois posso identificar nessa fonte informações preciosas, que se abrem em minha mente feito um canal de comunicação. Repito: sinto-me feliz e confiante.

— Sem dúvida, oportunamente os mentores amigos irão nos elucidar sobre os mecanismos dessa comunicação, quais processos são utilizados, porque sinceramente não sei como tudo ocorre. Só posso lhe dizer que é uma sensação de paz, de alegria, de leveza, mas acima de tudo de muito amor, porque é o que percebo quando esses fluidos me envolvem nesses momentos.

— Será que isso poderá acontecer comigo também? — observou Eleutério.

Não pude deixar de sorrir diante da colocação daquele dedicado companheiro de trabalho.

— Não posso lhe dizer o que não sei, meu amigo — retruquei. — Mas, em meu íntimo sinto que certamente você será utilizado como instrumento de irmãos mais elevados, no serviço de amor e de elucidação. Para dizer a verdade, digo-lhe que nós já servimos de instrumentos a todo instante quando oferecemos assistência espiritual aos nossos irmãos em martírio. Posso assegurar que nosso campo mental e vibratório tende a oferecer condições de forma que os bons espíritos, de dimensões mais elevadas, utilizem desse recurso para materializarem amor e conhecimento nas esferas em que nos situamos.

— Você tem razão — ponderou Eleutério. Eu acho até ignorância de minha parte. Na verdade, sinto que no serviço de atendimento quando coloco minhas mãos para projetar energias aos nossos irmãos que mais precisam, eu também sou um instrumento e que estou servindo a algo grandioso, mas que ainda não compreendo bem. Às vezes, sinto que somos instrumentos do Cristo. Isso seria algo pretensioso demais da minha parte, "eu que até pouco tempo era simplesmente um farrapo humano", como referiu Eufrásio, "e que o amor do Cristo me resgatou através de você e Jorge"?

Eleutério falava com a voz embargada pela emoção. O amigo estava realmente tocado em seu coração e seu sentimento era genuíno e verdadeiro. Abracei-o comovido e seguimos em frente a fim de oferecer auxílio aos demais amigos daquele sítio de desolação e sofrimento. Sentia que tanto Eleutério quanto eu estávamos saturados de boas energias emanadas dos planos mais altos, e que, à semelhança de receptores sensíveis, captávamos para distribuir aos nossos irmãos que ainda apresentavam com pouco entendimento quanto à sabedoria das Leis Divinas.

CAPÍTULO 6

O DESPERTAR DE *Eufrásio*

Os dias foram seguindo seu curso natural. Por algum motivo, perdi a noção do tempo diante das experiências animadoras que estávamos vivenciando em nosso trabalho, que a mim representavam o melhor aprendizado jamais imaginado de acontecer comigo. Eu me surpreendia diante da transformação que verificava em meu íntimo. Era um processo de transformação gradual e contínuo do qual tinha plena consciência e que me fazia bem, me deixava feliz pela oportunidade de auxiliar o próximo e constatar o progresso alcançado por cada um. Paralelamente, testemunhava igual transformação acontecendo com Eleutério, e isso me animava demais.

Os dias eram intensos, e à noite dormíamos em nosso local observando o firmamento coberto de estrelas cintilantes. Confesso que muitas vezes sentia certa presença espiritual ao meu lado, porém não conseguia identificar quem poderia ser, no entanto, meu coração parecia confortado porque em certos momentos, ao recordar as palavras de Eleutério, eu parecia ter a sensação de que Jesus estava feliz com nosso trabalho. Mas, então, eu pensava igual a Eleutério: não seria muita pretensão de minha parte?

Naquele dia, passamos em visita para atender a Eufrásio, mas dessa vez de forma diferente, respeitando as condições psíquicas do irmão. Quando iniciávamos o tratamento, procurávamos conduzir de tal forma que ele não retomasse a completa lucidez. O estado de leve dormência era salutar enquanto aplicávamos os fluidos regeneradores, ao mesmo tempo que adentrando suas ondas mentais identificávamos quando atingiam o estágio "alfa". Nessas condições sua mente seria mais receptiva às nossas sugestões, através de palavras amorosas e de conforto, de modo a ser mais condescendente para consigo mesmo na busca do autoperdão.

Com a mão direita sobre seu coronário e em estado de oração, eu transmitia palavras, de forma amorosa, observando que o paciente assimilava, aos poucos:

— Confia em Deus, meu irmão! Confia em Cristo! Porque Jesus nos amou infinitamente de forma incondicional e continua a nos amar pela eternidade. O Mestre jamais condenou quem quer que fosse e jamais o condenaria. Jesus, quando passou pela Terra, era puro amor, compreensão e acima de tudo respeito para com todos, compreendendo as falhas e imperfeições de cada um, sem jamais emitir juízo de condenação a um de seus irmãos. O Divino Mestre oferecia a todos Sua compreensão infinita porque conhecia e conhece o íntimo de cada um de nós e sabe de nossas limitações, mas acima de tudo, Ele nos amou incondicionalmente. Serene, pois, seu coração. Harmonize seu espírito, pois você precisa ser forte a fim de despertar para a realidade e vencer o sentimento de culpa que assola seu coração. Você não está sendo julgado e não será condenado às penas eternas, então é preciso se recompor, ser determinado para retomar a realidade e, quem sabe em breve, pela misericórdia Divina que é infinita, poder novamente reencontrar os afetos mais caros ao seu coração.

Nos tratamentos que se seguiram, sempre repetia essas palavras e, realmente, após algum tempo, pareciam surtir efeito em Eufrásio. Em uma das manhãs, em que procedíamos ao tratamento, ao adentrar suas ondas mentais senti que o irmão parecia apresentar estado emocional e espiritual mais equilibrado. Comentei com Eleutério e resolvemos, assim, trazê-lo à consciência plena aplicando-lhe passes dispersantes longitudinais concentrados na região do límbico, região do cérebro responsável pelas emoções e comportamento social; em seguida no seu córtex cerebral, encarregado do processamento neuronal mais complexo; e também na fronte e no bulbo, intermediário entre a medula espinhal e o cérebro.

Após alguns instantes, nosso assistido emitiu débil gemido e abriu os olhos ainda obnubilados. Demorou alguns segundos, como é natural o despertar depois de longo período de adormecimento, e, aos poucos, Eufrásio foi tomando consciência de si mesmo. Ao identificar nossa presença, ajoelhou-se e começou a chorar. Tomou minha mão e a de Eleutério e passou a beijá-las, como expressão de um sentimento de gratidão. Eu me senti constrangido diante daquela demonstração que Eufrásio nos devotava, de forma que também nos ajoelhamos e, abraçados, extravasamos nossa emoção. Eleutério e eu choramos emocionados com nosso irmão; de minha parte não consegui sofrear o sentimento de alegria, que tomava conta do meu coração. Embora ainda se apresentasse um tanto confuso, percebi que Eufrásio desejava nos dizer algo.

— Hoje aconteceu um milagre em minha vida! Oh! Glória a Deus!

O paciente queria se expressar entre lágrimas de emoção e soluços; ele tentava falar e sua voz saía entrecortada. Tentei acalmá-lo, de modo que pudesse transmitir o sentimento que ia em seu peito.

— Tenha calma, irmão, respire fundo porque estamos aqui para te auxiliar. Serene seu coração porque queremos ouvi-lo com calma. Temos todo tempo do mundo para você, então, procure se tranquilizar.

Enquanto eu falava, Eleutério estendia sua destra na direção do centro de força coronário do paciente, projetando energias que o sustentavam. Após alguns minutos, já mais equilibrado, Eufrásio finalmente conseguiu se expressar.

— Perdoem minha fraqueza, por favor. Eu já fui uma criatura mais equilibrada, eu sei que fui, porque em minha vida procurei ser um crente exemplar, tendo por objetivo seguir os ensinamentos e os exemplos do Cristo. Com o passar do tempo, fui feliz nos negócios e sempre dizia que Deus havia me abençoado. Entretanto, as aquisições materiais foram lentamente me distanciando dos caminhos de Jesus, pois me corromperam. Esqueci da religião, olvidei de Jesus. Casei-me com a criatura que eu amei de paixão, mas era um relacionamento baseado em interesses monetários; apesar de tudo confesso que durante algum tempo fui feliz baseado em falsas premissas.

Eufrásio parecia buscar nas profundezas de seu íntimo algo que justificasse a si mesmo a atitude irrefletida, com seu gesto extremado de se autoaniquilar. Ele precisava encontrar forças na compreensão do ponto em que havia se desviado, para assim entender seu erro e, talvez, adquirir forças para se sentir digno novamente perante o Cristo. Era uma necessidade desesperada de se redimir diante de Jesus e de sua filha muito amada. Interessante que, apesar de seu estado ainda um tanto quanto perturbado, conseguia se expressar de forma muito bem articulada. Deixamo-lo falar à vontade, porque sua viagem mnemônica ao passado de alguma forma auxiliaria em sua própria redenção.

— Pois bem — prosseguiu. — Casei-me com Silvia, uma moça linda que inicialmente satisfazia meu ego de alguém rico, que deseja exibir seu troféu a todos, como um trunfo que o dinheiro proporciona. Dessa relação nasceu o meu maior tesouro, uma filha que despertou em mim um sentimento tão elevado e sublime de amor verdadeiro, que jamais poderia entender antes. Minha filhinha cresceu em graça, trazendo para meus dias de tribulação a alegria que há muito havia perdido no falso relacionamento com minha esposa, que apenas desejava uma vida de futilidades comprando joias caras e roupas da moda. Eu já não me importava, porque Marina, minha filha, supria o vazio de meu coração com seus beijos e abraços.

Após uma pausa e com os olhos marejados, Eufrásio prosseguiu em sua narrativa.

— Os ventos dos mundos dos negócios, às vezes, sopram a favor, mas muitas vezes sopram contra. Eu me esqueci que sem Deus não somos nada e que sem o amor do Cristo enveredamos por caminhos tortuosos, porque ficamos cegos pela arrogância e pelo egoísmo. Esquecemos que na roda da vida, quando estamos no alto, não podemos nos exaltar em demasia, nem pisar no próximo, nem atropelar os concorrentes, porque a roda gira; frequentemente nesse giro nós somos arremessados para baixo, onde é difícil de suportar os reveses que a vida nos impõe. Os amigos desaparecem, os concorrentes não o perdoam, os bancos que estendiam tapetes vermelhos simplesmente fecham as portas.

— O golpe de misericórdia foi quando Silvia pediu a separação levando consigo parte dos bens que ainda possuía. Mas, o que realmente me feriu de morte foi levar consigo minha filha muito amada. Ela era meu consolo, quando retornava para casa desalentado; era minha fortaleza quando o desânimo se abatia em meu peito; era minha única alegria quando muitas vezes chorava sem consolo; era a luz que ainda me sustentava quando já não via saída para mais nada. Ah! Minha filha querida, como fui perdê-la? — colocou a cabeça entre as mãos soluçando.

Eufrásio estava prostrado e sua figura era digna de piedade. Eleutério e eu o abraçamos carinhosamente projetando energias de forma que pudesse se manter em equilíbrio, mas aquelas lágrimas eram sentidas, verdadeiras e necessárias de modo que nosso assistido pudesse se recuperar. Precisava colocar para fora seus sentimentos em formato de lágrimas. Tratava-se de um irmão diante de sua consciência em auto-confissão de seus equívocos e de seus pecados, em busca da redenção e da dignidade perdida em algum lugar de um passado não muito distante.

Enxugou os olhos, respirou fundo, tentou se recompor para prosseguir: — Em meu pensamento de evangélico, eu sabia que havia cometido um grande erro. Sabia que havia pecado contra o Senhor, que me deixei levar pelos enganos do mundo material. Na verdade, sentia que ainda teria forças para lutar e quem sabe voltar aos caminhos do bem, se tivesse minha filha comigo. Marina me dava coragem, motivação e por ela eu teria forças para lutar e recomeçar tudo, novamente.

— Contudo, encontrei em meu caminho uma mulher cruel que nutria em seu coração sentimentos de ódio e vingança. Silvia queria se vingar de mim e poderia ter levado tudo, mas não poderia ter negado meu convívio com minha filha tão amada. Contratou bons advogados entrando com processo para extorquir de mim até a última gota do meu sangue. Entreguei-me ao desespero quando recebi o oficial de justiça em minha casa com a intimação. A minha *via crucis*, no entanto, só estava começando, porque nos dias seguintes foram outros serventuários da justiça, que batiam em minha porta com cobranças de dívidas bancárias. Estava prestes a perder minha casa, que havia dado em fiança a vultoso empréstimo na tentativa de salvar os negócios.

Enxugou o rosto mais uma vez, fez breve silêncio e continuou sua narrativa: — Quando estamos mergulhados no desespero, não raciocinamos com lógica, perdemos completamente a razão. Em minha mente, pensamentos desconexos e perigosos começaram a se formar. No íntimo, sentia que aqueles pensamentos não eram meus, mas desarvorado como me encontrava, não via saída para minha situação. Aquele foi um dia cruel, porque depois de uma noite insone, o dia seguinte seria para mim a prova final, "o tiro de misericórdia" — pensava comigo mesmo. Naquele dia, a casa onde morava e que havia oferecido em garantia aos bancos, iria à leilão com o objetivo de saldar as dívidas contraídas. Não tinha consolo, sequer tinha forças para orar, embora viessem pensamentos para eu confiar em Jesus, que eu tentasse buscar no Cristo uma saída. Outros pensamentos tomavam conta da minha mente: acaba de uma vez com isso. O que você tem mais em sua vida? Não tem mais dinheiro, não tem mais esposa, não tem mais amigos, não tem sequer casa porque você será despejado em breve. Nem mesmo honra restou a você! Nem sua filhinha querida você tem mais.

— Quando meus pensamentos se voltaram à minha filha, não resisti e chorei copiosamente. Completamente tomado pela emoção, eu peguei o telefone e disquei para o número de Silvia. Queria ouvir a voz de minha filha, mas quando Silvia atendeu, ao ouvir minha voz desligou, não sem antes eu ouvir a voz de minha filha chorando e dizendo: "Quero papai! Tenho saudades do papai"!

— Aquilo para mim foi o auge do desespero. Senti que eu era apenas um farrapo humano. Havia perdido tudo em minha vida: meus bens, minha honra, minha dignidade, mas senti que havia perdido o que era mais sagrado na vida: minha filha tão amada. Fazer o quê? E uma voz falou em minha mente: "se mata logo de uma vez". Estava no escritório de minha casa. Abri a gaveta e empunhei o revólver com as mãos trêmulas. Foi, então, que posicionei o cano da arma embaixo do queixo, contudo, hesitei, sem coragem de puxar o gatilho. Em seguida, olhei pela última vez a foto de minha filha querida e naquele gesto impensado disparei o tiro fatal que ceifou minha vida.

— Inicialmente, senti dor aguda, possivelmente da bala atravessando meu cérebro, mas depois nada mais eu senti; apenas as trevas que me envolviam e a sensação dolorosa de morte que me consumia, mas que não se completava. O tormento de sentir a terrível sensação do projétil atravessando minha cabeça em uma cena dantesca que se repetia indefinidamente, me levando à loucura. Perdi o raciocínio e a consciência de mim mesmo, e aquele vazio de uma saudade imensa, que me absorvia dia e noite, pela falta de minha filha, permaneceu em meu coração. Foi quando vocês chegaram. Sei que dei muito trabalho, porque ao retomar a consciência e lucidez o sentimento de culpa me torturava, quando verificava que a vida não se extingue com a morte. Descobri algo ainda pior: a morte não soluciona problemas, porque eles nos acompanham além-túmulo, ou a qualquer outro lugar por onde formos.

Eufrásio concluiu sua narrativa e sentou-se. Aconchegamo-nos ao seu lado e ficamos em silêncio respeitoso, abraçados ao irmão. Por fim, com os olhos marejados, dirigiu-se a nós dizendo: — Vocês foram os anjos que Jesus deve ter enviado para resgatar esse pecador desse vale de lágrimas. Sei que não sou digno, mas possivelmente o Mestre deve ter se apiedado de minha situação. Sei que não tenho merecimento nem para pronunciar o nome do Divino Mestre, mas por acréscimo de Sua misericórdia eu peço a vocês que agora segurem minhas mãos e que possamos orar juntos. Vocês fariam isso por mim?

Completamente em lágrimas, que corriam por sua face, aquele pedido era mais do que uma rogativa, era uma súplica de alguém realmente necessitado, consciente de sua situação. Concordamos de bom grado. Demos as mãos formando um pequeno círculo e iniciamos a prece.

— Jesus, nosso Divino e Amado Mestre! O Senhor que esteve entre nós para nos trazer a grandiosa mensagem do amor incondicional, que exemplificou cada ensinamento, que curou os cegos, levantou os caídos, que ressuscitou os mortos, que nos amou de tal forma que se entregou ao supremo sacrifício para dar testemunho de Seu amor, e que acima de tudo compreendeu nossos pecados e imperfeições e que jamais condenou ninguém, queremos agora rogar por nosso irmão Eufrásio que retorna à vida, Senhor!

O Senhor nos ensinastes a pescar, a servir, a amar e a perdoar sempre; pedimos e rogamos por esse irmão que é um filho muito amado do Pai Celestial. Vos rogamos por Eufrásio, Senhor, para que ele também se sinta amado, se sinta perdoado de seus pecados, de suas falhas e imperfeições; que ele sinta novamente a vida como Lázaro ressuscitado pelo Vosso amor extremado; como Zaqueu possa subir para Vos encontrar. Mestre, que ele se arrependa de forma proveitosa de seus erros e se proponha a buscar o caminho da redenção espiritual. Enfim, Divino Jesus, abençoai e fortalecei esse irmão, de modo que ele possa novamente adquirir forças para prosseguir em sua trajetória em direção ao seu amor infinito! Graças a Deus!

Naquele instante, um suave raio luminoso descia sobre nosso pequeno grupo. Eufrásio prostrou-se de joelhos erguendo as mãos para o alto clamando: — Oh! Senhor! Tende piedade de mim! Eu desejo mais que tudo merecer Vossa misericórdia, dai-me forças para prosseguir ao Vosso encontro. Não sou digno de Vosso perdão, mas Vosso amor me consola! Tocai-me com Vosso cajado e apascentai esse coração destroçado, Senhor! Sinto-me cansado, mas nos dissestes um dia que viessem até Vossa presença todos aqueles que estivessem cansados, que o Senhor nos acolheria. Ajudai-me Senhor, confortai meu coração de forma que eu possa descansar em vossos braços!

Após essas palavras, mais uma vez Eufrásio abaixou a cabeça e chorou copiosamente! Aquele dia estava chegando ao final, mas tinha valido a pena. Abraçamos Eufrásio e o convidamos a nos acompanhar até nosso sagrado Recanto, onde costumeiramente repousávamos no final de cada jornada. A partir daquele dia, mais um companheiro faria parte daquele local, onde a luz brilhava, o ar era mais leve, as plantas proliferavam ao redor e as flores desabrochavam nas bênçãos do Senhor! Eufrásio deitou-se ao nosso lado e juntos fizemos mais uma oração de agradecimento ao Criador. Não demorou para que nosso mais novo integrante adormecesse.

Eleutério não cabia em si de alegria e satisfação: — Augusto, posso considerar que hoje foi para mim o dia mais feliz desde que tomei consciência de mim mesmo nesse local de pesar. Senti que, certamente, hoje nossos irmãos maiores estão satisfeitos com nosso trabalho e nossa contribuição.

Não pude deixar de, igualmente, expressar a minha satisfação por mais aquela experiência: — Se você quer saber, eu acho que hoje foi um dia muito diferente e especial. Você e eu, apesar de todas nossas imperfeições, servimos de instrumentos do amor do Cristo para trazer à consciência e à vida nosso irmão Eufrásio.

— Você também acha que Jesus está feliz conosco?

A pergunta era repetitiva e simplória por parte de Eleutério. Sorri com benevolência, pois ainda há pouco também pensava assim. A verdade é que me apeguei à amizade de Eleutério por sua sensibilidade, sua boa vontade em auxiliar o próximo, por sua simplicidade e espontaneidade, mas acima de tudo por sua inocência em assuntos espirituais. Aquele era um amigo que, certamente levaria aqui no lado esquerdo do peito, para a eternidade! Era um bom amigo, verdadeiro, genuíno em seus sentimentos a quem aprendi apreciar sua amizade sincera.

— Sem dúvida — respondi sorrindo. — Jesus, nosso Divino Mestre, hoje seguramente está muito feliz conosco. Vamos agradecer a tantas bênçãos e procurar repousar um pouco. Amanhã novo dia nos espera, e iremos ensinar nosso irmão Eufrásio que a melhor forma de esquecer os tormentos do passado, de se regenerar para a vida, de novamente se tornar digno diante do Pai Misericordioso é trabalhando e auxiliando irmãos mais carentes neste vale de dor.

Adormeci feliz, porque sinceramente sentia que naquele dia havíamos feito a vontade de Jesus, nosso Mestre Amado.

CAPÍTULO 7

UM PEDACINHO DO *Paraíso*

Na manhã seguinte acordamos bem cedo. Eleutério e eu estávamos muito bem-dispostos, mas Eufrásio apresentava semblante triste. Antes de tecermos qualquer comentário, o novo companheiro se justificou: — Me perdoem, amigos, mas vocês terão que ter muita paciência comigo. Para mim, tudo é novidade e ainda vou demorar algum tempo para me acostumar. Tive um sono muito bom e reparador, mas ao acordar, ainda me vieram à mente os acontecimentos, que me levaram a essa situação. Além do que, minha cabeça dói muito. Possivelmente, em decorrência do estrago que aquele tirou fatal provocou em meu cérebro.

Eleutério de imediato se manifestou: — Eufrásio, quanto a ter paciência contigo, pode estar certo de que teremos muita. Isso não pode ser motivo de preocupação de sua parte. Falo por mim e por Augusto. Quanto ao fato de ainda se sentir culpado por todo acontecimento, bem como sua dor de cabeça, tenha certeza de que irá desaparecer gradativamente com o tempo, com a aplicação de uma terapia divina chamada "trabalho em nome de Jesus", a socorrer irmãos mais carentes do que nós próprios.

Aliás, preencher os espaços vazios da mente com o trabalho é a melhor ferramenta para afastar as sombras que costumam se fixar nas mentes desocupadas. Então, é bom que seja enfatizado que com o trabalho você irá se preocupar com a dor do próximo e vai esquecer suas próprias dores. Quando você se der conta, sua dor de cabeça terá desaparecido e seu sentimento de culpa será substituído pela alegria do trabalho, levantando os caídos e enxugando lágrimas em nome de Jesus! Portanto, nada de lamentações nem desânimo. A partir de hoje, você terá o privilégio de servir em nome do Cristo! Isso sim é realmente um privilégio! Sinta-se, então, um privilegiado diante da bondade, da misericórdia Divina!

— Oh! Glória a Jesus! — exclamou Eufrásio, ajoelhando-se com as mãos postas e dirigidas para cima. — Entendi perfeitamente a mensagem, e a partir de agora nada de lamentações, apenas trabalho para ocupar meu tempo e minha mente! Esse, doravante, será meu propósito que firmo diante de Deus, de Jesus e de vocês, meus irmãos! Considero-os verdadeiros anjos enviados pelo Senhor para me resgatar desse poço fundo e escuro em que mergulhei!

Inevitável não sentir satisfação perante as palavras de Eleutério, que aos meus olhos se apresentava feito um verdadeiro discípulo. Não tinha dúvidas de que Eufrásio havia compreendido a essência dos ensinamentos do Cristo.

Seguimos nosso trajeto em demanda aos trabalhos do dia. Nossa primeira paciente foi Sarita, a moça que havia se jogado de um viaduto por desilusão amorosa. Ela também apresentava melhoras animadoras. Aproximamo-nos da paciente, que mantinha os olhos esgazeados, encolhida em um pequeno monturo. Apesar de ainda estar um tanto quanto confusa, já identificava nossa presença, sorrindo como alguém que, perdida em um deserto, vislumbra a miragem de um oásis. Levantou-se cambaleante, estendendo as mãos em nossa direção, enquanto Eleutério e eu, já acostumados, iniciamos a aplicação de passes energéticos. Pedimos a Eufrásio que estendesse sua mão direita sobre a cabeça de Sarita e proferisse uma oração, rogando ao Pai pela recuperação daquela pobre criatura sofredora.

Eufrásio não se fez de rogado. Estendeu sua destra sobre o centro coronário de Sarita e proferiu sua oração:

“Senhor, por sua misericórdia aqui estou hoje para servir de instrumento imperfeito do Vosso amor, rogando por essa irmã, que a exemplo do que fiz, em um instante de desespero pensou em dar um fim à sua vida! Oh! Senhor dos séculos, Pai Misericordioso, quem sou eu para rogar alguma coisa ao Senhor? Se ainda não tenho sequer direito a mostrar-Lhe minha face de arrependimento? Mas, aqui estou, Senhor, diante do Vosso amor infinito, de Vossa misericórdia inesgotável a Lhe pedir não por mim, porque já recebi muito mais que merecia, mas por essa nossa irmã que sofre! Estendei Vossas mãos misericordiosas e devolvei a essa sua filha amorosa a consciência da importância da vida, para que ela também possa se restabelecer, se levantar e no Vosso amor infinito se transformar; porque o Apóstolo Paulo nos disse, que Vosso amor cobre nossa multidão de pecados, que o Vosso amor nos redime, que Vosso amor nos faz renascer, e que tudo podemos em Vosso amor que nos fortalece! Eu vos rogo, Senhor, abençoai essa Vossa filha muito amada! Eu vos rogo do fundo da minha alma”!

Eufrásio estava em lágrimas! De suas mãos luz levemente azulada se projetava em direção ao centro de força coronário de Sarita, que mais uma vez adormeceu. De nossa parte, suavemente a acomodamos na pequena elevação à frente.

O novo discípulo do Cristo estava emocionado!

— Meu Deus! Depois de tanto tempo senti novamente em meu coração o calor da fé que nos aquece a alma! Seria muita pretensão de minha parte, nessa primeira experiência, mas senti Jesus em meu coração. Que sensação boa! Mas de verdade, sinto que ainda não sou digno!

Eleutério olhou o amigo e repetiu cuidadosamente, para que não pairasse qualquer conotação crítica: — Como sabemos, Eufrásio, nada de lamúrias! Você se sentirá cada vez mais agraciado pela misericórdia Divina à medida que se dedicar mais e mais ao trabalho. Trabalhando, você irá constatar que servir em nome do Cristo é um privilégio que só nos faz bem, que nos alegra a alma e aquece o coração! Seja bem-vindo ao nosso pequeno grupo, irmão! Apesar de todos os defeitos e imperfeições de que somos portadores, apesar de não nos sentirmos dignos, somos os discípulos com quem o Cristo conta nesse vale de lágrimas. Hoje, você é um servidor do Mestre! Prossigamos no trabalho!

Em seguida, encontramos Aldo, o irmão que antecipou sua partida do mundo material pelo pecado da gula. Sua respiração era opressiva, e ao auscultar seu corpo perispiritual, que refletia as consequências que a gordura mórbida provoca pela gulodice exagerada, era fácil verificar que os excessos de alimentação haviam comprometido completamente suas artérias, principalmente as coronárias; podia-se ainda verificar que seu estômago estava distendido e dilatado. Os efeitos ainda se faziam presentes em sua mente confusa pela sensação desesperadora de fome, clamando em altos brados por um prato de comida.

— Será que não existe um cristão nesse lugar miserável para me oferecer um prato de comida? Ninguém percebe que estou morrendo de fome? Por que não aparece alguém que me possa oferecer pelo menos um sanduíche ou um copo de vinho? Não existe nesse lugar vivalma que se compadeça de um irmão esfomeado? Estou morrendo de fome, socorro! Alguém tenha piedade desse infeliz!

A cena até parecia cômica se não fosse uma tragédia. Aldo vivia uma perturbação espiritual, própria de quem não cuidara de sua espiritualidade quando encarnado. Em suma, sua situação não era das mais complexas, mas seu corpo perispiritual refletia os estragos produzidos no corpo material através do corpanzil que exibia, fruto de anos sucessivos de excessos alimentares à mesa.

Aplicamos energias terapêuticas e mentalmente roguei em oração que de alguma forma aquele irmão pudesse receber um copo de água fluídica. Apenas eu pude identificar, diante de minha visão espiritual, e uma mão diáfana estendia um copo de água, que Aldo absorveu com sofreguidão. Aquela água possuía fluidos terapêuticos para amenizar a desesperada sensação de fome que o paciente sentia; ato contínuo, Aldo adormeceu profundamente apresentando estado geral mais equilibrado.

Seguimos em frente e nossa próxima paciente foi Joana, a jovem que havia ingerido veneno, também motivada por desencantos amorosos. A exemplo de Sarita, Joana apresentava boa evolução. Parecia estar mais consciente, apesar do desconforto provocado pela ingestão da substância, que havia corroído seu estômago e suas entranhas, o que causava dores ainda muito fortes. Aplicamos procedimento terapêutico igual direcionando energias magnéticas aos centros de força gástrico e esplênico. Novamente, deixamos a incumbência da oração a Eufrásio que mais uma vez proferiu prece profunda e sentida. E outra vez, nosso irmão foi às lágrimas de emoção.

O próximo irmão assistido foi Alaor, que havia desencarnado por causa de uma overdose de cocaína. O jovem apresentava melhora bastante animadora, embora ainda apresentasse, quando desperto e consciente, a angústia, a dependência química espiritual, pois ainda conservava resquícios muito fortes decorrentes das impregnações químicas em seu corpo perispiritual. Contudo, de acordo com minha avaliação, o rapaz já apresentava algumas condições de modo a despertar em breve para a nova realidade e, quem sabe, se tornar mais um membro de nosso grupo de trabalho. Essa era nossa expectativa, pois acompanhar um irmão dependente químico decaído e destruído se recompor, se levantar e se tornar um trabalhador na Seara de Cristo era a esperança que nos enchia o coração de alegria com perspectivas animadoras.

Ao iniciarmos o atendimento a Alaor com Eufrásio iniciando a prece com sua mão sobre o centro de força coronário do jovem, identifiquei a presença da avó do rapaz a se aproximar de nós. Talvez pela minha sensibilidade mais apurada, apenas eu percebi a presença daquela venerável senhora, que abraçou Eufrásio enquanto ele proferia a oração. Sem alimentar a mais pálida ideia do que estava acontecendo, ele registrou algo bom em sua sensibilidade e não se conteve de tanta emoção, porque em seu entendimento Nossa Senhora, a doce Mãe de Jesus, o estava abençoando.

“Senhor, glórias Vos dou, porque sinto em meu coração que Nossa Senhora, Vossa mãe santíssima, está me abençoando! Quem sou eu para merecer tamanha graça, Senhor? Na verdade, sei que não sou ninguém, mas vos rogo humildemente, fazei de mim um instrumento de Vosso amor e paz!”

A prece de Eufrásio me fez recordar a oração do Santo de Assis! Ele prosseguiu com a voz embargada pela emoção: “Senhor, sinto que o meu cálice transborda de amor! De um amor que não é meu, Senhor, mas de Mãe Maria, que sinto me abraçar nesse momento!”

Emocionado, Eufrásio confundia a presença amorosa da avó de Alaor com o amor de Maria, a Mãe de Jesus! Confesso que também não pude deixar de me emocionar! A avozinha de Alaor sorriu e antes de partir abraçou a cada um de nós, deixando-nos para concluir o atendimento de seu neto querido que, mais uma vez, adormeceu em paz.

Seguimos em frente.

Encontramos outros companheiros em aflição, a exemplo de Lauro, nosso irmão desencarnado, porque gostava de esportes radicais. Em certa ocasião, ao saltar de paraquedas, o equipamento não abriu; Flávio que praticava mergulho em águas profundas; Fernando era o irmão que gostava de caçadas e que disparara de forma acidental um tiro contra si mesmo; e Anselmo, nosso irmão que se autodestruíra nos sentimentos do ódio.

A todos oferecemos aquilo que de melhor tínhamos em nossos corações, acrescidos das energias que fluíam do Alto. Servíamos apenas na condição de canais imperfeitos, de forma que na verdade éramos simplesmente antenas receptivas a captar essas energias em favor de nossos assistidos.

Éramos igualmente beneficiários das energias de amor que oferecíamos aos nossos irmãos.

No final do dia, retornamos ao nosso refúgio sagrado para as orações e descanso. Em nossa avaliação diária, de comum acordo, Eufrásio havia sido escolhido nosso companheiro para proferir as preces de atendimento, o que ele fazia com visível alegria. Esse gesto refletia em favor de nosso irmão recém-recuperado de sua tragédia pessoal.

Na verdade, nosso oásis florescia a olhos vistos em meio ao vale da desolação onde nos encontrávamos. As ervas foram crescendo, as gramíneas se multiplicando, as flores desabrochando, as beldroegas e serralhas vicejando às mancheias, e nos últimos dias havíamos descoberto a presença de nova planta que começara a vicejar "do nada": algumas touceiras de hortelã e de erva-cidreira brotavam. Era uma satisfação acordar a cada manhã, apanhar e mastigar folhas de hortelã e erva-cidreira, que perfumavam o hálito e nos proporcionavam grande bem-estar. No estágio em que estávamos, havia ainda sensações semelhantes às da matéria; embora já tivéssemos nos desvencilhado do corpo material, nossas mentes ainda se encontravam em estágio transitório de necessidades semelhantes às da matéria.

Como disse antes, nosso oásis era realmente abençoado, porque a neblina que se fazia espessa na maioria dos locais do vale, simplesmente, foi desaparecendo de forma que podíamos durante as manhãs receber a luz dos raios do sol, que nos aquecia e alegrava nossos corações, dando novo ânimo a prosseguirmos com nossas tarefas. À noite, podíamos nos deitar na relva que havia se formado e admirar na abóbada celeste as estrelas que cintilavam no firmamento, ou a luz prateada das noites enluaradas enchendo nossas noites de paz e harmonia.

Eufrásio não pôde deixar de admirar e observar que algo diferente havia ocorrido naquele lugar, perguntando: — Por que esse lugar não é como os demais? Por que em outras regiões impera a neblina escura, prolifera a lama fétida, cavernas tenebrosas, não existe a luz do sol nem é possível ver o brilho das estrelas? Os outros locais dessa região poderiam ser uma antessala do inferno? Ou esse recanto foi destinado a vocês em virtude de alguma proteção Divina?

Fiquei em silêncio meditativo. Na verdade, queria que Eleutério pudesse transmitir ao novo companheiro o que havia aprendido. E realmente ele não me decepcionou; muito pelo contrário, conseguiu traduzir em palavras simples ensinamentos profundos ao novo amigo, cuja religiosidade tivera suas raízes nas respeitosas religiões evangélicas.

— Irmão Eufrásio, nas leis divinas não existem privilégios para quem quer que seja. Você, na condição de evangélico, aprendeu que a semeadura é livre, mas a colheita é obrigatória. Jesus quis nos ensinar que poderemos fazer o que desejarmos, desde que tenhamos consciência de que iremos colher exatamente o resultado de nossas semeaduras. Você hoje foi testemunha disso: quando trabalhamos em nome do Cristo, em favor de nossos irmãos mais sofridos, ajudando o próximo, quem recebe muito mais somos nós mesmos. Isso não é privilégio, somos nós semeando boas energias e colhendo às mancheias as boas energias que espalhamos, porque elas retornam para nós multiplicadas. Você não sentiu alegria em seu coração? Você não sentiu sua alma se regozijar, embora entendesse que não havia merecimento algum? Não percebeu que sua alma se aqueceu no amor da oração pelo Cristo? Não se deu conta que sua dor de cabeça diminuiu e até se esqueceu dela?

Eu me senti satisfeito com as palavras de sabedoria com que Eleutério se expressava. Eufrásio estava pasmo de admiração.

— Meu Deus! — exclamou. — Como tudo é tão simples? Como é que eu não entendia tudo isso antes? Verdade, uma verdade absoluta que não tenho como argumentar contra, mas me admirar com a beleza dos ensinamentos do Cristo, que eu não havia me dado conta antes! Sim, para merecer um lugar como esse em que nos encontramos agora, certamente foi porque vocês semearam muitas sementes boas, e o resultado é tudo isso que estou admirando agora! Na verdade, reconheço que ainda não fiz nada para merecer estar em um lugar tão aprazível como esse!

— Irmão Eufrásio, — prosseguiu Eleutério — você disse que ainda nada fez, mas nesse sentido a bondade divina, por acréscimo de misericórdia, nos propicia a oportunidade do aprendizado e da semeadura, porque não basta apenas o conhecimento que você possa ter, se você não o coloca em prática em favor daqueles que mais necessitam. Você reconhece que ainda não fez nada ou fez pouco, mas nós não temos dúvidas de que você muito fará no trabalho da Seara do Cristo e terá a oportunidade de também semear boas sementes, que irão germinar e frutificar no tempo certo. Cristo confia em você e nós também confiamos. Lembre-se sempre disso.

O novo companheiro ficou alguns minutos em silêncio, para em seguida confidenciar: — Sinto-me como se estivesse descobrindo um mundo novo de aprendizado, de conhecimento e de oportunidades. Percebo que Deus em Sua infinita misericórdia nos oferece o privilégio do trabalho. Depende apenas de aproveitarmos ou não. Infelizmente, reconheço que mesmo no meio evangélico, que por anos participei ativamente até me desvirtuar, as pessoas imaginam que Deus irá lhe oferecer vitórias se você tiver fé! Apenas sua fé lhe salva; poucos têm consciência que não basta apenas a fé improdutiva, mas a fé que se transforma na caridade em ação; que levanta os caídos; que estende as mãos aos desvalidos; que se apieda dos miseráveis; que não humilha seu semelhante; e que não alimenta a vaidade dentro de si, achando que é melhor que os demais porque tem um pouco mais de conhecimento ou possui bens materiais mais valiosos.

— Você está no caminho certo, irmão. Não basta ter fé e exaltar a Deus clamando em voz alta e batendo no peito, ou entoando cânticos de glória, se você não traduzir essa fé em ação em favor do seu próximo. Deus não necessita de nossa fé improdutiva nem de nossas louvações vazias, se não transformarmos essa fé e esse amor pelo Cristo em atitudes e ações em favor de quem realmente necessita. Não é sem razão que Cristo nos disse que, no final, convidaria a se assentar à sua direita, dizendo: Venham meus amados, sentarem-se à minha direita para o lugar que está preparado desde o início dos tempos. Você que quando estive faminto me deu de comer, estive desnudo e me vestiu, estive com frio e me agasalhou, estive doente e foi me visitar, estive preso e foi me ver.

Eufrásio ficou pensativo e depois de instantes retrucou:
— Sinceramente, estou sentindo em meu coração a alegria que havia perdido há tanto tempo, quando falo em nome de Jesus! Verdade, eu produzi ainda tão pouco, quase nada, mas já me sinto tão abençoado. Você tem toda razão, até minha dor de cabeça, que sempre me atormentou, dia e noite sem

descanso, percebo agora que me deu trégua. Meu sentimento de culpa ainda me atormenta, mas agora sinto vontade de recuperar o tempo perdido, para sentir em meu íntimo que sou novamente digno de pronunciar o santo nome do Deus Jeová e de seu filho muito amado, Jesus!

Eufrásio ainda conservava em si os antigos conceitos religiosos em seu íntimo. Para nós isso não tinha importância alguma, porque diante de Jesus as religiões não têm tanta importância. O que mais interessa é o fiel realmente compreender que ninguém ama a Deus se não amar o próximo como a si mesmo, que não ama Jesus se não entender e praticar o que Ele ensinou. Diante do Criador, somos todos filhos muito amados embora ainda imperfeitos, rumo à perfeição, porque esse é nosso destino grandioso: um dia alcançarmos a perfeição como Perfeito é o Pai que está nos céus, como nos ensinou Jesus!

Certamente, Eufrásio tinha ainda muitas perguntas, mas percebi que receava nos incomodar com seus questionamentos. Procurei de forma discreta incentivá-lo: — Eufrásio, você é para nós um irmão muito querido e sentimos o maior respeito por você bem como por suas convicções religiosas do passado. Ademais, é nossa missão esclarecer suas dúvidas em relação ao Evangelho do Cristo, assim também as questões do lado espiritual, porque essa é a nova dimensão onde nos encontramos: a dimensão espiritual.

— Não quero aborrecer vocês com minhas dúvidas e perguntas, possivelmente algumas até sem fundamento.

— Absolutamente — respondeu solícito Eleutério. — Para nós, será sempre uma oportunidade de aprendizado. Caso possamos lhe trazer esclarecimentos, pode ter certeza de que o faremos com alegria e bom grado.

— É muito bom ouvir isso. Não quero ser aquele "chato" que fica o tempo todo perguntando, mesmo porque tenho muitas dúvidas. Por exemplo: em minha religião acreditávamos que após a morte iríamos ao paraíso eterno junto de Deus e de Cristo, se tivéssemos a fé e declarássemos nossa fé em Deus. Ou então, iriam para o inferno queimar pela eternidade todos aqueles que fossem condenados porque não se declararam crentes na fé em Cristo. Hoje, por exemplo, ao observar melhor esse local onde estamos, imaginei que de acordo com minhas antigas concepções, que aqui poderia ser um pedacinho do Paraíso e que os demais lugares poderiam não ser exatamente o inferno, porque não vi fogo ardente nem a figura do satanás torturando com seu tridente as almas penadas.

— Fiquei pensando aqui, comigo mesmo, que os lugares tomados pela escura neblina poderiam ser algum lugar intermediário, talvez uma antessala do inferno. Mas, estava confuso, porque imaginei que não poderia ser aqui o domínio do demônio, pela presença de vocês como representantes do Cristo. Como poderia ser isso? Como representantes de Deus poderiam adentrar locais do inferno para levar palavras de consolo, conforto espiritual, de amor e oração? Como poderia em uma região infernal existir a presença de anjos no atendimento fraterno para minorar o sofrimento de tantos irmãos? Confesso que fiquei um tanto quanto confuso. O que é céu, afinal de contas? O que é inferno? É possível que exista algum lugar que realmente seja o paraíso de amor e paz ou algum outro local que pudesse ser comparado ao inferno apregoado pelas religiões?

Eleutério sorriu benevolente.

— Querido irmão, Jesus nos disse que havia muitas moradas na casa do Pai. Se formos interpretar literalmente, poderemos afirmar que não existe lugar algum circunscrito no espaço que poderíamos dizer que lá seria o paraíso, ou algum lugar terrível que pudesse ser o inferno, onde os que morressem e fossem condenados pelas maldades praticadas iriam queimar no fogo do inferno pela eternidade, sendo ainda torturados por demônios terríveis, sem trégua.

— Na verdade, cada um de nós carrega dentro de si o inferno ou o paraíso, e não há necessidade de desencarnar para ir a um ou a outro lugar, entendeu? Você mesmo pode observar esse local onde estamos agora. Notou que na maioria dos locais por onde transitamos ocorre a predominância da neblina escura? Charcos malcheirosos? Cavernas assustadoras? A pergunta que você poderia estar formulando para si mesmo é: por que esse local onde estamos agora difere dos demais? Por que aqui o ambiente é claro e arejado, as flores brotam do chão e o gramado verdejante é uma realidade? Que podemos olhar para o alto e ver o brilho das estrelas?

Eleutério fez breve pausa, de modo que Eufrásio pudesse raciocinar e assimilar aqueles conceitos. Em seguida prosseguiu: — Pois bem, irmão Eufrásio, o inferno ou o paraíso somos nós mesmos que construímos e para isso não necessariamente precisamos morrer para viver essa experiência, porque inferno e paraíso são de fato estados de consciência, que desenvolvemos em nós mesmos quando entendemos os profundos ensinamentos do Cristo que nos disse: edifica em ti o Reino de Deus, porque o Reino de Deus está em vossos corações. Quer dizer, onde quer que você esteja, se a paz do Cristo estiver presente em seu coração, nada poderá abalá-lo. A tempestade ruge, os ventos açoitam, as ondas do mar se encapelam, a terra treme, mas você não será abalado caso esteja com Jesus em seu coração, porque você está na paz do Senhor!

— Em outras palavras, onde houver uma ou mais pessoas reunidas em nome de Jesus, Ele estará presente e, então, aquele local se tornará um pedacinho do paraíso! E digo mais: não importa o local onde estivermos, seja uma região de trevas ou não, se os nossos pensamentos estiverem elevados em oração e agindo em nome do Senhor, esse lugar se tornará um local de luz e paz. E o inverso é verdadeiro: onde houver uma reunião de homens maus, lá será certamente um espaço de inferno, ou a antessala, como se referiu, materializado nos pensamentos e ações de quem age contrário às leis do Cristo. Assim é esse bendito Recanto onde estamos agora: é nosso pedacinho de paraíso!

CAPÍTULO 8

AMAR OU TEMER A *Deus?*

O progresso de Eufrásio ocorria a olhos vistos. Era animador observar a forma paciente e amorosa com que se dedicava aos mais necessitados no atendimento fraterno. Sua sede de conhecimentos era outro fator positivo, pois, diante de qualquer fato que se apresentasse, ele não perdia a ocasião de buscar entendimento. Realmente, eram indícios saudáveis de que Eufrásio estava progredindo. Podia verificar que o irmão muitas vezes entrava em conflito com velhos conceitos religiosos, fruto de entendimentos anteriores. No entanto, parecia estar aberto a assimilar novos ensinamentos, transmitidos por Eleutério e por mim, uma vez que ele próprio era testemunha dos fatos, que corroboravam com esses novos aprendizados.

No final daquele dia, depois de intenso trabalho, nós retornamos ao nosso pequeno oásis, e nos refrescamos nas águas do pequeno regato, que havia se formado em um declive daquele sítio, que dia a dia se tornava mais aprazível; cujas transformações se materializavam diante de nossos olhos. Algumas árvores estavam crescendo, com flores que perfumavam o ambiente, enquanto algumas plantas se sobressaiam naquela paisagem que se alargava ainda mais. Eu já havia presenciado tantas coisas, que confesso que para mim nada mais poderia me surpreender bem como a Eleutério. Esse era meu pensamento. Mas, para Eufrásio tudo era novidade.

— Sabe uma coisa que estou notando? Na verdade, são várias coisas que fico me perguntando, como isso pode ser?

— Do que se trata, Eufrásio? — perguntou Eleutério, solícito.

— Primeiramente, as mudanças que tenho percebido e que estão ocorrendo comigo. Aquela dor de cabeça, que me perseguia sem tréguas, desapareceu completamente. Em segundo lugar, a angústia que invadia minha alma, principalmente quando sentia saudades de minha filha, aos poucos, está atenuando. Claro que ainda sinto muitas saudades, é verdade, porque é como se tivesse um cravo ainda em meu coração, mas hoje percebo que não é mais algo a me destruir interiormente como sentimento de autopunição irremediável. Sei que não tenho merecimento, mas como vocês me ensinaram, tenho recebido a graça da misericórdia Divina para um ser abjeto feito eu, poder ainda servir em nome do Senhor. Vejo que, lentamente, um sentimento de alegria invade minha alma, principalmente quando estamos em oração nos atendimentos aos nossos irmãos que mais precisam.

— Na verdade, irmão Eufrásio, o que está acontecendo com você, aconteceu comigo e, certamente, aconteceu com nosso irmão Augusto — disse referindo-se a mim. — Na verdade, a prática da caridade consiste em esquecer nossas dores e angústias para nos dedicar aos nossos irmãos caídos do caminho. Sim, essa é a grande verdade, porque diante da misericórdia Divina, continuamos necessitados. Mas, quando compreendemos a importância do esquecimento de nossas próprias mazelas para estender as mãos àqueles que sofrem mais do que nós, a amparar os enfermos, a levantar os caídos, a oferecer o que de melhor temos em nossos corações através da oração sincera, não estamos simplesmente auxiliando o próximo. Em verdade, é aí que começam a ocorrer as transformações, porque começamos a colher os frutos de nosso trabalho e verificamos que os maiores beneficiários do bem praticado somos nós mesmos.

Podemos até não perceber, mas as energias que fluem através de nós em favor de nossos assistidos nos reabilitam, pois somos a antena por onde essas energias transitam, retemperando nossas forças, restaurando nossas células enfermas, energizando nosso organismo e recuperando nosso equilíbrio psicofísico e espiritual. Não, não é nenhum milagre, apenas estamos colhendo os frutos de nossa semeadura, seja pelas orações proferidas, seja pela caridade praticada ou pela elevação de nossas energias vibratórias. Então, quando você se dá conta, sua dor de cabeça desapareceu, seus conflitos íntimos se tornaram mais suaves, sua incerteza e angústia se amenizaram de forma gradativa, em um processo natural em que você acabou por esquecer suas próprias dores porque começou a se preocupar com as dores do seu semelhante. Entendeu? Quando você perdoa, você se liberta de energias destruidoras, que o envenenam, mas quando você consegue através do trabalho esquecer sua necessidade de autopunição, você coloca em prática a seu favor a terapia do autoperdão, que cá entre nós, é um santo remédio.

— Mas, como o indivíduo que se autodestrói no sentimento da autopunição consegue se autoperdoar?

— Novamente: não existe milagre, porque essas transformações ocorrem de forma natural, quando nos colocamos no trabalho a serviço de Jesus, visto que o trabalho é uma terapia extremamente saudável a ocupar a mente, não dando espaço às trevas que costumam dominar as mentes vazias, lá se instalando repleta de sentimentos improfícuos a levarem muitas criaturas à loucura. Então, irmão, quando nós nos entregamos ao trabalho na Seara do Cristo, não estamos apenas auxiliando o próximo mais necessitado, mas contribuindo decisivamente para nossa automelhoria em todos os sentidos. Entendeu?

Eufrásio aquiesceu com um movimento de cabeça.

— Sim, compreendi. Confesso que minha mente começa a clarear para novos entendimentos. Por exemplo: compreendo como a fé é importante, que a oração é essencial, que o louvor e o temor a Deus são imprescindíveis, mas entendo que apenas fé sem obras nada vale porque se torna vazia; que a oração é um canal de ligação com o Divino, mas apenas a oração por si só se desvanece por falta de sustentação prática; que a louvação e o temor a Deus são de aspecto fundamental, mas entendo agora que Deus não necessita de nossa fé vazia nem de nossas orações ocas nem de nossas louvações improfícuas, porque Deus é Deus! Ele é o todo Poderoso, o Senhor da vida, é o Senhor de tudo! Mas, quando oramos e ao mesmo tempo levantamos o irmão caído, agradamos a Deus! Quando o poder de nossa fé nos torna criaturas melhores, mais pacientes, tolerantes e caridosas, nossa fé se torna produtiva e isso é agradável aos olhos do Senhor! E quando louvamos ao Criador e oferecemos alimento ao faminto, o louvor se multiplica e frutifica, e o Criador se regozija em nós abençoando nossa vida! Eu me pergunto: como então entender o temor a Deus pregado nos evangelhos?

— Irmão Eufrásio, — respondeu Eleutério — confesso que você tem nos surpreendido com a facilidade com que está conseguindo assimilar os mecanismos que regem as leis divinas. Poderia ainda acrescentar que as mãos no trabalho é uma prece silenciosa, porque o serviço ao bem opera transformações extraordinárias, tanto para quem recebe, quanto para quem doa. Entretanto, foi o próprio Cristo quem veio nos trazer o esclarecimento de que deveríamos amar a Deus de todo nosso coração, de todo nosso entendimento e ao próximo como a nós mesmos! Entendeu? Amar a Deus! Na Antiguidade se dizia: temei ao Senhor! Porque eram outros tempos, e o temor era a forma usada para que a criatura humana pudesse aprender o respeito e a mansuetude pelo temor. No entanto, os tempos evoluíram de modo que Jesus vem nos trazer novo entendimento e o mais importante: amar a Deus, amar ao Senhor! Foi assim que enfatizou quando questionado qual era o maior mandamento: amar a Deus de todo seu coração, de todo seu entendimento e ao próximo como a si mesmo!

— Devemos entender, entretanto, que para amar a Deus antes é preciso aprender a amar nosso próximo, e por essa razão devemos compreender o sentimento de amar a nós mesmos, não no sentido egoísta, mas em estado de consciência, pois somos seres divinos em evolução, destinados à perfeição, à imagem e semelhança do Criador, não na aparência física ou material, mas em espírito, lembrando que é o espírito que evolui porque é o princípio inteligente e que sobrevive à morte. A matéria se deteriora pelas leis da natureza, mas o espírito se aprimora pelas leis divinas ao compreender a importância do amor a Deus, ao próximo e a si mesmo.

Eufrásio aquietou-se por instantes, certamente, para refletir em cada palavra, em cada conceito dos novos ensinamentos, que recebia naquela nova fase de vida. Respeitamos seu silêncio, porque com certeza estaria preparando novas perguntas, a fim de ampliar ainda mais seus horizontes de entendimento. Isso era muito agradável de observar; Eufrásio demonstrava interesse genuíno em aprender um pouco daquela realidade de nova vida a se descortinar à sua compreensão.

— Meus irmãos — disse se referindo a Eleutério e a mim –, confesso de coração que me sinto maravilhado com a clareza e a simplicidade dos novos ensinamentos que vocês me transmitem. Não estou menosprezando os antigos conhecimentos, porque todos eles foram de muita valia em minha formação, mas agora observo as coisas se tornando tão claras e lógicas diante do meu raciocínio, que não tenho como negar. Por exemplo: entendo que o conceito de temor a Deus foi importante em determinada fase da minha vida, contudo, agora compreendo que o sentido de amar a Deus é muito mais forte e lógico, e que eu posso demonstrar o sentimento de amor a Deus à medida que passo a amar o meu semelhante e, por conseguinte, amar a mim mesmo. Que o sentimento de amor é muito mais profundo, se comparado ao sentimento do temor que nos remete ao medo e que não transforma a criatura. Aprendemos pela História, que na Idade Média as religiões imprimiam o temor do inferno, no entanto, o medo não tornou melhores as criaturas humanas, pois nossa natureza ainda é fraca, o que muitas vezes a leva a cometer excessos absurdos, apesar do medo.

— Hoje, eu consigo entender que é pelo conhecimento que se transforma a criatura. O trabalho pelo Cristo eleva o ser humano a um estado de consciência que o faz demonstrar seu amor a Deus ao passo que consegue amar o seu próximo. No entanto, só consegue amar o próximo quando está em paz e harmonia consigo mesmo.

— É tudo uma questão muito lógica: como posso amar a Deus se não consigo amar o meu próximo? Como posso amar o próximo se não estiver bem comigo mesmo? Se não estiver em paz eu nada posso oferecer, porque absolutamente nada tenho. Quando nos envenenamos com drogas tóxicas, com destilados que corroem a nossa saúde ou com sentimentos tóxicos de ódio e raiva em nossos corações, entramos em desarmonia e, portanto, não estaremos amando a nós mesmos. Por favor, me digam se estou errado, porque é assim que entendo essa equação da vida, de forma tão simples e ao mesmo tempo tão bela! Meu raciocínio está correto?

Realmente, Eufrásio nos surpreendia a cada instante. Sorri e não pude deixar de pontuar: — Sim, Eufrásio, você está corretíssimo em seu raciocínio. É assim mesmo que funciona a lei Divina. Jesus disse-nos que deveríamos ser perfeitos, isso é evoluir, porque a evolução é uma necessidade espiritual. Evoluir espiritualmente é imprescindível, de modo a alcançarmos a perfeição, e quando isso acontecer nós seremos à imagem e semelhança do Criador. Então, devemos compreender que a evolução é inevitável. Contudo, só poderemos evoluir por dois caminhos: pelo amor ou pela dor.

Imediatamente Eufrásio respondeu: — Entendo perfeitamente o que está me dizendo, irmão Augusto. No meu caso, eu tinha apenas o conhecimento, porque conhecia a *Bíblia*, a palavra sagrada, mas apesar de todo meu cabedal de saber, meu coração não se modificou, porque deixei me levar, me embriagar pelo poder do vil metal. Mas, confesso que foi na dor, que pude encontrar a verdade a me iluminar agora. Hoje, vejo que foi na dor inconsolável da agressão estúpida, que cometi contra mim mesmo, que foi no sofrimento dessa queda formidável e dolorosa que finalmente pude encontrar Jesus em meu coração através do trabalho guiado por vocês.

— Hoje, compreendo que a dor foi a porta de minha redenção. Compreendo ainda que nada justifica a loucura que pratiquei, mas foi na dor inconsolável da saudade da minha filha querida e nas desastrosas consequências de meu ato tresloucado que realmente pude entender o amor de Deus que jamais nos abandona, e que jamais se esquece de seus filhos, por mais desprezíveis que eles possam ser.

— Sem dúvida, poderia ter seguido o caminho do amor, mas infelizmente não segui. Entendo que é imperdoável o que fiz a mim mesmo. Por outro lado, tenho certeza de que o Pai jamais me condenará pelo erro que cometi. Entendo ainda que a compreensão de tudo isso não vai me eximir das responsabilidades que assumi pelo meu ato inconsequente. De alguma forma, deverei reparar o mal praticado contra mim e contra aqueles que amei na vida. Você disse que devemos evoluir pelo amor ou pela dor: espero sinceramente que, doravante possa me preparar e me fortalecer a fim de reparar todo mal praticado. Só que agora pelo amor!

O amigo parecia estar em profunda contrição, ao dizer essas palavras. Seus olhos estavam orvalhados. Eleutério e eu o abraçamos e juntos proferimos uma oração de agradecimento ao Criador da vida, que oferece oportunidades redentoras, tantas quantas necessárias para o soerguimento de todos nós, espíritos infratores, que um dia, depois de tantas lutas, caindo e se levantando, odiando e amando, chorando e sorrindo, morrendo e renascendo novamente nos transformaremos em anjos celestes, a habitar as esferas de luz do Criador, à sua imagem e semelhança. Esse é o grandioso destino que Deus nos concede!

Adormecemos felizes com a consciência de que nosso trabalho poderia até ser pequeno diante de tantos desafios, mas o pouco que realizávamos era o melhor que podíamos fazer, sempre com alegria no coração.

No dia seguinte, ao chegarmos para o atendimento ao nosso irmão Alaor, em nosso tratamento costumeiro, Eufrásio iniciou sua prece, e a avozinha do rapaz se fez novamente presente envolvendo nosso irmão em energias sublimes. As energias de amor transmitidas pelo venerável espírito eram muito sensíveis e nos circundavam em uma aura de luz, cuja tonalidade era verde-clara. As energias balsâmicas tocavam-nos profundamente de forma que Alaor, à semelhança de uma esponja ressequida, absorvia-as completamente, saturando seu corpo perispiritual de luz, proveniente dos planos mais altos a fluírem por nós naquele instante.

Eufrásio, emocionado e em lágrimas, orava, clamando e repetindo uma passagem do Evangelho de Jesus:

"Oh! Senhor! Eu não sou digno que o Senhor entre em minha casa, mas se disser uma só palavra eu serei salvo! Quem sou eu para merecer tamanha Graça? Como Zaqueu, Senhor, eu me arrependo de todos os males que pratiquei e Lhe rogo: dê-me forças para esquecer meus infortúnios e oportunidades para trabalhar em sua Seara de Amor, abraçar o serviço da caridade a fim de reparar os equívocos cometidos no passado!"

A sinceridade de Eufrásio era genuína. O irmão soluçava, enquanto repetia: "Senhor quero ser o seu servo mais humilde, apenas Lhe rogo que possa me fortalecer no trabalho para ser digno de novamente pronunciar seu Santo Nome."

Concluímos o atendimento a Alaor, que esboçou débil sorriso para em seguida abrir os olhos ainda esgazeados. Sua respiração ainda se apresentava sibilante, intermitente com dispneia prolongada. Seus olhos não conseguiam fixar, girando nas órbitas de forma descontrolada. Seguindo a orientação da avozinha de Alaor, estendi novamente minha destra sobre o centro de força coronário do rapaz e me concentrei para mais uma projeção energética. A generosa entidade, que nos assistia, estendeu sua mão juntamente com a minha enquanto suave e fosforescente luz azulada penetrava o corpo espiritual de Alaor, percorrendo-o desde o alto da cabeça até os pés.

Após a projeção energética, Alaor despertou inteiramente, agora demonstrando estar, aos poucos, tomando consciência de sua situação. Como quem acorda de longo tempo de hibernação, olhou demoradamente ao redor, identificando nossa presença e ainda um tanto confuso, perguntou:

— Meu Deus! Onde estou? O que estou fazendo aqui? Que lugar é esse? Quem são vocês?

Eram muitas perguntas e, certamente, teríamos bastante tempo para esclarecer aquele irmão, que por infelicidade havia colapsado sua própria vida em uma overdose de drogas.

A venerável senhora, antes de partir disse-me com sorriso de gratidão estampado e sua fisionomia: — Tenho acompanhado o trabalho de amor desenvolvido por vocês há algum tempo nesse vale de lágrimas, queridos irmãos! Meu nome é Eulália e serei eternamente grata pelo carinho e dedicação a todos os enfermos dessa região. Sei que irão cuidar com muito amor de meu neto, mas antes de partir, queria ainda dizer mais uma coisa.

A bondosa entidade fechou os olhos em prece. Seu corpo perispiritual tornou-se mais denso de modo a ser visível para Eleutério e Eufrásio, que mais uma vez, confuso com a visão, prostrou-se de joelhos e genuflexo disse: — Mãe Santíssima! Coloque suas mãos sobre minha cabeça e abençoe esse servo imperfeito!

Sem questionamentos ou arroubos, irmã Eulália estendeu suas mãos sobre a fronte de Eufrásio, dizendo: — Meus queridos irmãos, hoje vocês deram o verdadeiro exemplo do AMOR A DEUS, porque vocês amaram seu próximo de todo coração!

Em seguida, irmã Eulália elevou-se no espaço, enquanto todos nós, em estado de emoção e gratidão, abraçamos Alaor!

CAPÍTULO 9

NOVOS *companheiros*

Foi com enorme satisfação que conduzimos o jovem Alaor ao nosso Recanto, que dia a dia se apresentava diferente, modificado e aprazível. Veio-me à mente que aquele local se transformava de modo que estivesse se preparando para receber mais irmãos que também pudessem usufruir dos benefícios daquele pequeno oásis. Como dissemos anteriormente, as árvores tornavam-se frondosas e as flores e arbustos vicejavam verdejantes, num ritmo acelerado em relação ao que acontece na Terra; nada mais me surpreendia, porque já havia compreendido que devia respeitar as coisas no lado espiritual a desafiarem meus conhecimentos. Tinha consciência de que estava ainda começando a tatear verdades profundas e que, certamente, havia muito a aprender. Ao lado das árvores, algumas palmeiras cresciam dando àquele espaço aparência de uma paisagem atrativa e bucólica, a traduzir em sua essência paz espiritual e alegrias ao coração.

Alaor apresentava estado de lucidez bastante favorável, embora sua respiração continuasse como antes. Na condição de médico, entendia que embora Alaor já fosse capaz de despertar de seu estado de transe e perturbação, ainda trazia em seu corpo perispiritual os efeitos nefastos das drogas, e que certamente demandaria algum tempo para se chegar ao perfeito equilíbrio emocional, espiritual e psíquico. Esse o motivo do cansaço e das dificuldades respiratórias, consequências dos efeitos residuais dos tóxicos ainda impregnados em sua organização perispiritual. O tratamento deveria ser longo.

Passei a refletir que, nosso corpo é um patrimônio sagrado que deve ser mais valorizado. O corpo material é um instrumento de evolução do espírito, razão pela qual precisa ser tratado por todos nós com mais respeito. Em vez disso, malbaratamos esse equipamento tão perfeito, criado por Deus, ingerindo bebidas alcoólicas, drogas e outros venenos nocivos.

No caso de Alaor, nós precisávamos ainda ter bastante zelo, pois se tratava de paciente a requerer muita atenção e cuidados espirituais. Entretanto, apesar de toda complexidade de sua situação, o rapaz demonstrava vivacidade e interesse na compreensão de sua situação, a começar por uma enxurrada de perguntas: “Onde estou? Que lugar estranho é esse? Quem são vocês? Onde estão meus familiares”?

Eleutério reunia condições mais que satisfatórias para esclarecer o novo integrante do grupo, de forma que passou a responder a suas perguntas, elucidar suas dúvidas enquanto Eufrásio acompanhava interessado a fim de compreender os ensinamentos referentes àqueles fatos que ele havia acompanhado de perto, na condição de testemunha, em que um espírito perturbado e sofredor despertara em razão de orações e aplicações energéticas. E Eufrásio não se cansava de repetir: “Estava maravilhado diante do poder da fé, da oração e da caridade em ação”.

Munido de paciência e bondade, Eleutério esclarecia Alaor asseverando que o rapaz não mais se encontrava no palco da vida material, mas em um local dentre as várias regiões espirituais, denominado "Vale dos Suicidas". E que ele havia desencarnado em virtude de overdose, e seus familiares estavam no mundo material e, naquele momento, orando por ele. Quanto a nós, éramos simplesmente servidores do Cristo, e que em nome de Jesus estávamos a serviço de auxílio aos mais sofridos naquela região de dor.

Alaor pôs as mãos sobre a cabeça, abaixou-se e começou a soluçar baixinho. Comovido com a situação do rapaz, Eleutério afagou sua cabeça enquanto procurava encorajá-lo com palavras carinhosas.

— Pode chorar, irmão! O pranto sincero coloca para fora nossas angústias, mas acima de tudo tenha fé e agradeça a Deus, porque você não está desamparado. Aqui estamos para que você possa ser assistido em suas necessidades.

Com os olhos avermelhados de tanto chorar, o rapaz enxugou os olhos e se recompôs, levantou a cabeça, ainda com a respiração sibilante, tentou respirar com dificuldades, para em seguida comentar: — Vocês estão me dizendo que estou morto, é isso mesmo ou entendi mal?

Eleutério, então, esclareceu que a morte não existe, como muitas pessoas entendem, porque a maior prova disso era ele próprio, pois estava ali vivo e conversando conosco. O que havia perecido era seu corpo material, porque a vida continua, apenas que em nova dimensão: a espiritual.

— Você não se sente vivo? — Eleutério perguntou.

— Sim, eu me sinto vivo, de verdade. Agora estou aqui pensando "com meus botões", que burrada foi que fiz. Como é que eu, um jovem instruído e inteligente, me preparando para o vestibular para faculdade de medicina, acabei por me entregar ao uso das drogas? Que destruí minha própria vida, que meus pais colocavam tantas esperanças porque me consideravam inteligente? Como pude ser tão burro e inconsequente?

Ficamos em silêncio respeitoso, ouvindo as palavras do ato de contrição de Alaor, que continuou: — Na verdade, foram as companhias, os amigos, os colegas de festa. Não podia ficar por "fora da onda", então comecei com as bebidas, depois com as drogas mais leves até chegar às drogas mais pesadas. No começo, tudo é divertido. As viagens psicodélicas provocadas pelo entorpecimento das drogas, que vai pouco a pouco exigindo outras, mais e mais pesadas, para continuar sentindo o "barato" gostoso e descompromissado da inconsequência. Não imaginei que chegaria a essa situação tão deplorável de colocar fim à própria vida em um segundo de ilusão passageira. Mas, confesso que não posso culpar meus pretensos amigos por minhas burradas, porque eu poderia facilmente ter me afastado de tudo aquilo, mas não! Certamente, isso terá consequências graves, além de tudo que aconteceu. Não é mesmo?

Alaor era inteligente em suas observações. Aquiesci com um movimento de cabeça. Tudo aquilo era oportuno, porque o rapaz precisava "colocar para fora" seus sentimentos, e nós, ao seu lado, daríamos o suporte necessário de modo que ele pudesse fazê-lo de forma profícua e equilibrada. Senti que Eufrásio, igualmente, desejava dar a sua contribuição naquele processo tão melindroso.

— Irmão Alaor, quero dizer que não se entregue a julgamentos de autopunição, porque todos nós já erramos muito e erramos feio. De alguma forma, destruímos nossas vidas pelo suicídio, alguns de forma direta e outros de forma involuntária. Mas, a misericórdia Divina é infinita, e você está tendo a oportunidade de se recompor e recomeçar. Deus insistentemente nos oferta possibilidades de soerguimento. Você é um filho muito amado do Cristo! Portanto, bom ânimo! Cristo venceu a morte na cruz para resgatar nossos pecados!

As palavras de Eufrásio eram apropriadas. Ele que ainda há pouco era um necessitado, embora todos nós continuássemos carentes da misericórdia Divina, oferecia, naquele instante, seus melhores sentimentos de amor e fé a um irmão em desalinho. Considerei interessante que, em suas palavras, ele ainda conservava velhos resquícios dos conceitos evangélicos, mas considerei isso um fator extremamente positivo, pois Eufrásio estava aprendendo a fazer a ponte entre os valiosos e antigos conceitos do Evangelho, com os novos conceitos em evolução.

O jovem olhou demoradamente para Eufrásio e comentou: — Por que vocês me chamam de "meu irmão"? Na verdade, nunca fui ligado a essas coisas de religião. Vocês falam com naturalidade de Cristo, de Jesus, do Pai Misericordioso e tudo isso para mim é novidade. Sinto-me constrangido, porque me soa um tanto quanto estranho. Parece-me que vocês são "crentes". É isso mesmo? Vocês são crentes? Vou ter que chamar vocês também de irmãos?

Nós todos achamos graça nas palavras de Alaor. Mas, suas palavras, além de engraçadas continham sinceridade, e isso era bom. Eleutério procurou esclarecer: — Não nos leve a mal por chamá-lo de irmão. Esse é um hábito nosso, porque consideramos que todos nós somos filhos de Deus e, nessas condições, somos irmãos diante do Pai. Em seu conceito, parece-nos que talvez por falta de conhecimento você considere que a palavra "crente" soe equivocadamente como algo sem muito valor. Mas, vamos dizer que crente é todo aquele que realmente acredita em Deus, que confia em Jesus Cristo e que procura seguir e exemplificar os ensinamentos do Divino Mestre. Então, a palavra "irmão", proferida pelos crentes, é um tratamento respeitoso e carinhoso, que continuaremos a adotar. Porém, se você não se sente confortável em nos chamar de irmãos, não há necessidade de o fazer.

Um tanto desconfortável com o comentário, Alaor replicou: — Perdoem minha ignorância. Confesso que deveria ter dado mais ouvidos aos meus pais, que sempre me pediam para acompanhá-los à missa, mas eu nunca fui porque os considerava ultrapassados, carolas, quadrados, como se dizia na gíria da época. Eu me considerava, sim, avançado, descolado, conhecia tudo e era inteligente. Pois é, era assim que eu me achava. Hoje, tardiamente, posso verificar o quanto estava equivocado.

Ficou em silêncio meditativo por alguns instantes, e nós respeitamos seu momento. Em seguida, complementou: — Por que nos arrependemos quase sempre tão tardiamente? Por que nos damos conta de nossos equívocos quando já não há mais tempo para remediar o mal praticado? Meu Deus, pelo menos isso aprendi com minha mãe, de tanto ouvir que em dias difíceis o melhor a fazer é sempre rogar pelo nome de Deus! O rapaz abaixou a cabeça e mais uma vez chorou.

— Essa droga maldita! Meu Deus, ainda sinto falta dessa coisa do demônio! Como pode isso?

Eleutério prosseguiu: — Irmão Alaor, o processo pelo qual o corpo físico entra no estágio de dependência química demanda algum tempo, mas não é demorado. Apesar disso, se recompor e eliminar os resquícios das impregnações nocivas da droga, que alastram além da organização física, reclama muito mais tempo. Você terá de conviver com isso do lado de cá, uma vez que não tem outro jeito. Aqui não há traficantes nem drogas. No entanto, você será auxiliado por tratamentos energéticos, desconhecidos pela medicina terrena, e com o tempo irá se sentir melhor.

— Por isso, é que deve dar tempo ao tempo, pois não existe passe de mágica nos processos de cura das dependências químicas. Além do mais, os efeitos dos órgãos lesados ainda irão persistir por um bom tempo no corpo perispiritual, até que, em uma próxima existência, possa transferir essas deficiências em forma de herança genética para serem trabalhadas em novo corpo.

— Me perdoem, mas para mim ainda é muito difícil compreender tudo o que aconteceu comigo e o que está acontecendo agora. Quero de verdade entender o que está me dizendo, porém não consigo. Tudo está confuso em minha cabeça.

Apesar da boa vontade de Eleutério, da disposição de Eufrásio, entendi que precisávamos respeitar o tempo de Alaor. O rapaz havia despertado de uma longa noite de angústia e, por sua vida pregressa, não reunia condições de absorver conceitos mais elevados. Resolvi intervir:

— Alaor, você é merecedor de todo nosso respeito e pode ter certeza de que terá de cada um de nós toda atenção necessária. Apenas uma coisa iremos pedir: que faça um grande esforço e aprenda a orar conosco, porque no recurso da oração você irá se fortalecer para, então, entender as leis espirituais. Mas, tudo no seu devido tempo, porque aqui entre nós tempo não é problema.

No dia seguinte, despertamos cedo. Convidei a todos à oração da manhã a fim de agradecermos a Deus por mais um dia em nossa existência. Alaor estava admirado com tudo, olhando atentamente ao redor.

— Que lugar lindo! Ontem não havia reparado muito, mas hoje consigo perceber a luz do sol, as plantas e vejo que tem flores por aqui. Amei esse lugar! — Alaor exclamou de forma espontânea.

— Esse é o Recanto abençoado por Deus, irmão Alaor! Aqui é onde, no final de cada dia, ao término de cada jornada, voltamos para o descanso necessário, retemperando nossas energias, porque no dia seguinte retornamos ao trabalho — explicou Eleutério. — Agora vamos à oração, depois ao nosso desjejum.

— Como assim? Oração? Desjejum?

— Agora não, irmão Alaor, vamos orar sem questionamentos. Depois, você terá todas as explicações que forem necessárias — concluiu Eleutério com voz firme.

Em seguida, todos nos unimos com nossas mãos entrelaçadas enquanto Eufrásio fazia a oração: — Obrigado Senhor da vida por mais um dia! Gratidão porque aqui estamos reunidos em teu Santo Nome rogando, que possamos nesse dia sermos instrumentos do Teu amor e de Tua paz! Que possamos levar aos irmãos mais sofridos um pouco do imenso amor que já recebemos de Tua misericórdia imensa, e um pouco de conforto espiritual, amenizando as dores e as agonias. Abençoa cada um de nós, em nosso propósito de servir-Te em Tua Seara. Rogamos particularmente no dia de hoje por nosso irmão Alaor!

O jovem olhou para Eufrásio de modo agradecido.

— Não entendi muito bem o que significa tudo isso que disse, mas agradeço de coração, porque ouvi que pediu por mim em oração. Obrigado, porque sinto que preciso mesmo. Tudo é bastante complexo e confuso na minha cabeça.

— Agora ao desjejum, — convidou Eleutério que já havia colhido algumas folhas leguminosas. Alaor experimentou e aprovou: — Essa aqui tem sabor que parece hortelã e erva-doce. Muito gostoso, porque estava sentindo um gosto horrível na boca.

Não deixamos de sorrir com as palavras sinceras e espontâneas do nosso novo companheiro.

— Como iremos proceder hoje? — questionou Eleutério. — Alaor ainda não reúne condições adequadas de entendimento nem equilíbrio espiritual necessário para o auxílio aos necessitados, visto que ainda não entendeu a importância da oração.

Eleutério não deixava de ter razão. Também essa era minha preocupação, mas o jovem imediatamente se manifestou: — Como é que é? Vocês vão sair para um trabalho e eu não vou com vocês? Desculpem-me, mas não concordo, porque gostaria imensamente de estar junto com vocês. Se puder auxiliar de alguma forma vou auxiliar, se não pelo menos quero observar para aprender.

A simplicidade de Alaor trazia um clima de descontração ao grupo. Não pudemos deixar de sorrir, e imediatamente vieram à minha mente palavras que diziam: "o Senhor não escolhe os capacitados, mas capacita os escolhidos". Além do mais, no decorrer das atividades, de alguma forma, Alaor poderia contribuir, pois o trabalho é sempre uma terapia de valor inestimável, visto que ocupa a mente vazia.

Aquiesci de bom grado com a ideia de Alaor. De imediato, o rapaz manifestou-se por meio de um gesto de positivo com o polegar, dizendo: — *Yes, my Brother!*

Observei que Eufrásio e Eleutério não haviam apreciado o vocabulário, que segundo os dois irmãos, soara um tanto quanto em desarmonia com a situação que vivenciávamos. Linguajar apropriado em roda de jovens, ou em alguma conversa em algum ambiente mais descontraído.

O jovem sorriu meio sem graça. Apressei-me em corrigir aquela situação. Entendia perfeitamente o pensamento e a postura de Eufrásio e Eleutério, por outro lado não queria que o excesso de rigidez tirasse a liberdade de expressão de Alaor. Haveria um meio-termo para balizar a liberdade de todos.

— Nos perdoe, irmão Alaor, não queremos absolutamente tolher sua liberdade nem sua iniciativa. Lembremos que estamos em um ambiente de dor, onde devemos manter nossa sintonia no serviço de forma que, não queremos que você veja em nós aquele grupo de tios chatos e ultrapassados ou quadrados, como vocês costumam expressar na linguagem dos jovens. Mantenha sua alegria, sua espontaneidade, mas vamos procurar dispensar as gírias ou expressões desnecessárias à seriedade do ambiente. Tudo bem?

Alaor apresentou fisionomia séria e pensativa. Depois de alguns instantes respondeu: — Perdoem-me, de verdade falo de coração porque não queria ofender ninguém. Esse é um problema, que preciso corrigir em mim e já vem de algum tempo. Meu pai sempre dizia: "Pare com essas gírias e essas expressões em inglês. Estamos no Brasil, então, fale português"! Mas, eu nunca mudei e acho que agora é a chance de me aplicar com mais seriedade às coisas e procurar me livrar desse velho hábito. Chamei vocês de irmãos só que em inglês — Alaor se justificou.

— Mais uma vez peço que me desculpem; preciso de fato me conscientizar que aqui eu sou aquele que precisa de ajuda, e que esse ambiente deve ser mesmo mais respeitoso, embora minha intenção não fosse ser descortês com ninguém. Prometo, vou tentar ser mais comedido em minhas palavras. Sinto que a palavra irmão tem um significado muito profundo para vocês, mas que acima de tudo representa respeito. Acertei? É isso mesmo? Então, daqui em diante, vou proceder dessa forma! Tudo bem?

Aquelas palavras de Alaor, ditas com sinceridade, desarmaram Eufrásio, que relaxou um pouco. Todos nós sorrimos, e nosso jovem irmão complementou: — Com todo respeito, irmãos! Tenho perfeita consciência de que sem vocês eu não seria nada!

— Sem Jesus não seríamos nada! — Eufrásio emendou.

— Calma, irmão Eufrásio, concordo com você, de verdade! Em gênero, número e grau! Sem Jesus não seríamos nada!

Realmente, Alaor era alguém, que parecia trazer ao nosso grupo um pouco mais de leveza e tranquilidade. O rapaz tinha um espírito descontraído, e isso nos alegrava.

Nós nos deixamos levar pelo instante de leveza, trazido pela postura de Alaor. Até mesmo Eufrásio, sempre muito sisudo e circunspecto, sorriu. Sob o meu ponto de vista, Alaor havia melhorado muito em curto espaço de tempo, desde o seu despertar. Seria o efeito das orações? Não podia duvidar, absolutamente, dos efeitos positivos e terapêuticos da oração sincera, visto que nos coloca em comunhão com as esferas mais elevadas da espiritualidade. Alaor estava se beneficiando das boas e salutares energias provenientes das preces proferidas pelo grupo, inclusive pelo próprio interessado.

Seguimos em frente.

Naquele dia, forte sensação de alegria invadia meu coração. Sentia que algo bom estava por acontecer. Muitas bênçãos recebidas nos últimos tempos, porém, intimamente eu pensava: o que mais de bom poderia acontecer e nos surpreender? Ou talvez fosse apenas uma sensação de minha parte?

A próxima paciente a ser atendida era Sarita. Com a nossa aproximação, a jovem que estava deitada no local costumeiro, repousando sua cabeça em uma pequena elevação, que servia de apoio de modo a ficar mais bem acomodada, despertou momentaneamente e nos reconheceu. Ainda em estado de confusão mental e meio sonolenta, ela estendeu as mãos em nossa direção balbuciando: — Graças a Deus, vocês chegaram! Finalmente!

— Como está se sentindo, irmã? — Eleutério lhe perguntou.

— Sinto-me cansada de tanto dormir, e quando estou dormindo meu sono é tormentoso e cheio de pesadelos. Sinto meu corpo despencando de algum lugar alto, mergulhando em um abismo tenebroso para em seguida sentir dor violenta que parece arrebentar meu corpo. Quando desperto, eu me sinto confusa e não sei onde estou, e o pior: tenho muitas dores pelo corpo todo. Vagamente me lembro de algumas coisas que parecem de outra vida. Também me lembro de vocês, porque quando passam por aqui de alguma forma me ajudam, e minhas dores se acalmam. Então, agradeço a Deus porque vocês chegaram.

Apesar da confusão mental, das dores decorrentes de sua situação, provocadas pelo suicídio violento, Sarita já demonstrava boa articulação verbal, parecendo estar em franco processo de evolução em seu estado geral. Eleutério a acalmou: — Fique em paz, irmã Sarita, hoje aqui estamos mais uma vez em nome de Jesus para suavizar seu sofrimento. Mas, diga uma coisa: você sabe orar? Você estaria disposta a acompanhar nosso grupo em uma oração em favor de sua recuperação?

— Ah! Meu Deus, como seria para mim motivo de alegria e glória poder orar com vocês. — Seus olhos estavam marejados pela emoção, que tomava conta de seu coração.

— Você consegue, em pensamento, imaginar a figura de Jesus estendendo as mãos em direção à sua cabeça? — sugeriu Eleutério.

— Vou fazer um esforço. Nem me lembro direito quanto tempo não faço uma oração. Há quanto tempo não penso na imagem de Jesus.

— Então, feche os olhos e procure concentrar seus pensamentos em Jesus, — pediu Eleutério —, porque nosso irmão Eufrásio irá proferir uma prece, e todos nós iremos acompanhar, inclusive você.

A moça cerrou os olhos, e Eleutério estendeu sua mão direita em direção ao centro de força coronário no alto da cabeça da jovem. Iniciei, então, projeções longitudinais ao longo do centro nervoso da paciente e de sua coluna vertebral; Eufrásio, por sua vez, cuidou de posicionar as mãos em direção ao tórax de Sarita e, assim, iniciou a oração: — Jesus, nosso Mestre Amado, que em Teu amor infinito e misericordioso curaste os enfermos, devolveste a saúde mental aos loucos e perturbados. O Senhor que limpaste as feridas dos leprosos, que nos conduziste como sublime pastor à segurança do redil, rogamos que faças de nós instrumentos do Teu amor infinito em favor da recuperação de nossa irmã Sarita.

A prece foi proferida com palavras pausadas, que todos nós repetimos juntamente com Sarita, que em estado de emoção chorava muito. Alaor, sem saber como proceder, nos surpreendeu ao segurar espontaneamente as mãos da jovem, enquanto acompanhava a oração conosco.

— Envolve-nos em Tua luz de amor e misericórdia, Divino Mestre — prosseguiu Eufrásio em sua rogativa. Dá-nos Senhor a oportunidade redentora de nos recuperar para o Teu amor, para que curados de nossas feridas e mazelas possamos caminhar contigo, seguindo Teus passos, como fizeram os Teus discípulos muito amados pelos caminhos da antiga Galileia. Enfim, rogamos para que possas abençoar todos nós, especialmente nossa irmã Sarita, que ora desperta para nova vida, de modo que ela possa se levantar fortalecida no Teu amor e se junte ao nosso grupo de trabalho.

A jovem estremeceu e, com a voz embargada pela emoção, pediu com humildade, mas com muita segurança: — Meus irmãos, peço a todos que permitam prostrar-me de joelhos e fazer minha oração de agradecimento, porque sinto que chegou a hora de me libertar de todos os meus tormentos.

Aquiescemos, e a jovem se ajoelhou, e nós seguimos o seu gesto e nos ajoelhamos ao seu redor.

— Ah! Jesus, quanto já ouvi falar do Senhor, mas nunca em minha vida havia sentido sua presença em meu coração. Rogo que me perdoe porque o Senhor nunca julgou ninguém, porque compreendeu o coração dos perturbados. Até, recentemente, eu era um espírito perturbado por enganos da vida, por equívocos cometidos e por tentar tirar minha própria vida. Sei que o Senhor é piedoso e misericordioso, por isso agradeço o dia de hoje, porque esses irmãos vieram até mim em seu Santo Nome para trazer ao meu coração sua presença. Nunca, jamais me afastarei de Seu amor infinito e misericordioso. Graças te dou, Senhor Jesus!... Jesus!... Jesus! Eu dou glória a ti, ó Senhor! — concluiu a jovem com o rosto banhado em lágrimas.

Desnecessário dizer que todos estávamos em estado de emoção profunda. Do Alto, descia um raio de luz azul-claro formando uma cúpula luminosa a nos envolver. A prece de Sarita havia sintonizado com as esferas mais elevadas da espiritualidade, que naquele momento nos abençoava. Nós nos abraçamos longamente, sentindo as graças de Deus, o Senhor da vida. Até Alaor, normalmente descontraído, estava em estado de graça, e chorando muito.

— Que coisa mais linda — disse ele! Nunca senti coisa tão boa assim antes em minha vida. Parece que estava em outra dimensão. Agora entendo o que vocês dizem que sentem quando ajudam os outros. Daqui para frente, contem comigo. Sinto que estou em outra dimensão, meus irmãos! Uma dimensão muito boa de verdade!

Sarita estava completamente desperta e lúcida.

— Ah! Meus irmãos! — disse ela ainda visivelmente emocionada. — Fui agraciada pelas bênçãos de Deus neste dia. Sinto a paz invadindo a alma, deixando meu coração leve, sem dores pelo corpo, com a cabeça e pensamentos livres. Serei eternamente grata a vocês que têm sido pacientes e amorosos comigo.

— Sejamos sempre gratos a Deus, nosso Pai Misericordioso, e a Jesus nosso Divino Mestre — disse Eleutério. —

Nós somos apenas instrumentos imperfeitos do amor Divino. Nós também um dia recebemos essa graça a qual você foi digna de receber. Porque tudo tem a hora certa.

Eleutério falava com propriedade, como alguém amadurecido pelas experiências, alguém que realmente havia aprendido e compreendido a preciosidade dos ensinamentos do Evangelho do Amor do Cristo e, acima de tudo, a sua aplicação.

Acompanhados da nova companheira, retornamos ao Recanto de Paz e, então, percebi que a alegria sentida anteriormente era prenúncio de que iríamos vivenciar a redenção de Sarita, a mais jovem integrante do nosso pequeno grupo. Sim, nosso grupo era pequeno, mas que aumentava pouco a pouco.

CAPÍTULO 10

A TRANSITORIEDADE *do mal*

Naquele dia, o trabalho foi dedicado exclusivamente à Sarita e a Alaor, considerando que ambos necessitavam de mais tempo para a completa recuperação, bem como acompanhamento no tratamento de projeções energéticas. A presença de Sarita trazia mais leveza, pois agora nosso refúgio estava agraciado com a presença feminina, o que trazia mais alegria ao nosso grupo sem perder, contudo, a seriedade dos trabalhos a serem desenvolvidos. No final do dia, fizemos a prece e adormecemos com o coração em paz.

Ao amanhecer, nós fizemos o desjejum costumeiro. Após experimentar as folhas alimentícias que oferecemos, a jovem aprovou, fazendo uma exclamação de surpresa: — Que dádiva divina essa! O sabor dessa folhagem me surpreende, porque sinto que satisfaz meu paladar bem como minha fome. Antes estava sentindo vazio em meu estômago, mas agora me sinto saciada. Que bênção! — exclamou.

Porém, de repente seu rosto começou a empalidecer, então, sua fronte se tornou suarenta, apresentando respiração dispneica. A jovem sentou-se, rogando por auxílio, alegando não estar se sentindo bem. As dores se manifestavam novamente, acompanhadas de mal-estar profundo e dificuldades respiratórias. Imediatamente, nós nos mobilizamos, formando um círculo em torno da jovem, orando e fazendo imposição de mãos em seu centro de força coronário e cardíaco, irradiando assim energias magnéticas a fim de suavizar o estado geral da paciente.

Assim que concluímos as projeções, sua face recuperou o tom rosado e sua respiração se normalizou. Refeita, a jovem sorriu e agradeceu. Aquele era um fato compreensível, pois Sarita ainda carecia de cuidados, e nós deveríamos estar atentos. Verifiquei, cuidadosamente, que após as projeções energéticas e a oração, ela realmente apresentava melhora sensível. Entretanto, talvez motivado por autossugestão, quem pediu para ser auxiliado foi Alaor.

— Irmãos, me desculpem — disse com a fisionomia séria, contrastando com seu habitual semblante risonho. — Não quero preocupar vocês, mas estava realmente me sentindo bem melhor, mas desde ontem voltei a sentir angústia íntima que não sei explicar. Não gostaria de demonstrar fraqueza, mas, às vezes, sinto novamente vontade de consumir drogas. Hoje, desejei participar da oração, o que acho que foi bom, porque me deu coragem de confessar a vocês, que ainda sinto falta das drogas. Estou envergonhado, mas está difícil controlar esta ansiedade. Como poderia entender o que se passa comigo?

Abracei Alaor, de modo a lhe transmitir carinho, amor e acima de tudo confiança. Sabia da luta íntima que o rapaz travava consigo mesmo, uma vez que a angústia perispiritual da abstinência forçada das drogas se manifestaria ainda por algum tempo. A dependência química acompanha os adictos (viciados) para o mundo espiritual. A cura completa demanda longo tempo de tratamento que ameniza a angústia de difícil controle. Muito tempo! Em seguida, tentei acalmá-lo com o máximo de naturalidade possível.

— Meu jovem, asserene seu coração e acalme o espírito. Você está aqui conosco e já participa de alguma forma dos nossos trabalhos, mas não devemos nos esquecer que tanto você quanto Sarita estão em período de convalescência. Considerem que despertaram há pouco tempo, e a melhoria mais substantiva só ocorrerá com o tempo. É importante entender, que o trabalho representa a melhor terapia, o melhor remédio para o total restabelecimento.

— É preciso dar tempo ao tempo enquanto se trabalha muito. Jesus ensinou que o esquecimento das próprias dores em favor do auxílio ao próximo é que traz a verdadeira cura. Não podemos, entretanto, olvidar o tratamento que vocês ainda requerem, ou seja, o tratamento espiritual que deve ser ministrado diariamente. Entenderam? Vocês se sentirão mais fortalecidos a cada dia, após os tratamentos recebidos e o trabalho constante em favor dos irmãos ainda em maior necessidade, bem como do aprendizado do Evangelho, das leis espirituais e das orações proferidas com seu coração, pois quando sinceras e verdadeiras sempre trazem em seu bojo propriedades terapêuticas e cura surpreendente.

— Estou me sentindo melhor, –, agradeceu — mas ainda peço que continuem a me auxiliar com suas orações.

Notei que o rapaz sorria, e seu sorriso aparentava mais seriedade. Ele prosseguiu: — Acho que agora estou entendendo o que o Irmão Eleutério me disse, que podemos aprender pelo amor ou pela dor. Acho que eu preciso de um pouquinho mais de dor — concluiu com a fisionomia séria.

Sem dúvida, iríamos atendê-lo mesmo que não tivesse solicitado. Essa era nossa responsabilidade, mas acima de tudo um gesto de amor. Ato contínuo, fizemos um círculo em torno de Alaor e, em oração, fizemos projeções energéticas curativas ao longo de seu sistema nervoso central, de sua coluna vertebral e do centro de força gástrico. O efeito foi quase imediato. Em alguns minutos, Alaor estava com o bom ânimo recuperado, e com sorriso sincero demonstrou profundo sentimento de gratidão. Lentamente, o paciente incorporava em sua personalidade nova postura diante dos fatos espirituais vivenciados naquelas paragens.

Sarita tinha muitas perguntas, igualmente Alaor, que ao perceber o interesse da mais nova integrante passou a ouvir os questionamentos mais atentamente.

Eleutério dedicava-se às orientações e Eufrásio acompanhava de perto, demonstrando vivo interesse em tudo que ouvia. Às vezes, aproveitava perguntas de Alaor ou de Sarita para também questionar e buscar mais lucidez em sua interpretação, aclarando eventuais conflitos em relação aos seus entendimentos anteriores. Eram questões interpretativas, mas que demandavam conhecimentos profundos. Nesse mister, Eleutério igualmente demonstrava ter sido um excelente aprendiz e um atencioso e dedicado professor.

Em verdade, é que sentia muita satisfação em verificar os progressos de Eleutério e Eufrásio, mas de qualquer forma procurava estar atento para intervir em caso de eventual necessidade. Contudo, eu constatava que, até então, não havia qualquer situação que justificasse uma ou outra retificação. Eleutério apresentava-se bastante seguro em suas explanações.

O dia transcorreu normalmente, sem qualquer acontecimento inusitado, mas acima de tudo experimentávamos paz e harmonia. Alaor parecia ter despertado sua sede de conhecimento, pois eram muitas as suas perguntas. Notava que Eleutério, na maioria das vezes, sentia-se encorajado em responder as perguntas de Alaor; diante de questões de cunho evangélico, entretanto, era Eufrásio quem respondia, sempre sob a tutela de Eleutério. Eventualmente, eu dava minha contribuição, mas era gratificante ver nosso pequeno grupo entretido nos assuntos de elevado teor espiritual. Entretanto, quando estávamos em sintonia com o Alto, os membros do grupo ainda não conseguiam perceber a tênue luz azul-claro a nos envolver, sinal da constante inspiração e supervisão espiritual de Planos mais elevados.

E mais uma vez a noite chegou, trazendo sua beleza. Por nossa vez, nós nos acomodamos para admirar o espetáculo, que o céu noturno de nosso recanto nos proporcionava. As estrelas faiscavam no firmamento, e Sarita sentia-se agraciada e reconhecida por estar conosco desfrutando daquele lugar maravilhoso.

— Ah! Irmãos, — disse ela — como me sinto feliz por estar aqui com vocês. Como é bom compreender a bondade de Jesus e a misericórdia Divina. Ainda há pouco, eu estava em um local escuro, perdida em aflição. Agora estou aqui com vocês, que de verdade considero meus irmãos mais velhos! Olho ao meu redor e vejo plantas verdes, flores, árvores e ao olhar para o céu vejo tantas estrelas. Como podemos ser tão cegos quando não acreditamos em Deus?

Alaor também desejou se manifestar. E expressou a grande alegria em seu coração. Sentia-se emocionado e, surpreendendo a todos nós, ele chorou. Aos prantos, soluçava. Respeitamos seu momento especial de expressar todos seus sentimentos, pois o irmão devia reconciliar-se consigo mesmo. Após se recompor, desejou dizer do porquê de sua emoção.

— Me perdoem, porque esse é um instante de alegria, e eu estou aqui me portando feito um bebê chorão. Mas, na verdade, quero que saibam, eu estou chorando de alegria. Acreditem. Estava me lembrando de minha mãe, porque fazia tempo que não pensava nela e imaginei que se ela me visse agora estudando o Evangelho e falando de Jesus, certamente ficaria muito orgulhosa de mim!

Confesso que me coloquei no lugar de Alaor e me lembrei de minha mãezinha querida, que certamente sentiria muito orgulho de mim. Quanta mudança havia ocorrido comigo nos últimos tempos, e não pude resistir: senti imensas saudades de forma que não pude controlar as lágrimas, a brotarem em meus olhos, recordando suas últimas palavras. Se pudéssemos voltar no tempo e refazer os equívocos cometidos... Respirei fundo, enviando mentalmente à minha mãezinha um beijo de um filho saudoso.

O nosso grupo ainda conversou, descontraidamente, por algum tempo, e logo todos se recolheram para o merecido sono. Particularmente, eu optei por meditar um pouco a respeito de minha vida, das lições aprendidas e da oportunidade que tivera, pois sinceramente me considerava ainda sem merecimento. Sentia-me bastante sensibilizado após aqueles acontecimentos, e a lembrança da minha mãe povoava minha mente. Como estaria ela agora? Deveria ainda sofrer muito por minha causa, pois as mães não se esquecem jamais de seus filhos. Gostaria de um dia, se pudesse, dizer a ela o quanto estava bem e que seu filho agora conhecia melhor o Mestre Jesus, e que estava procurando seguir os ensinamentos do Cristo. Absorto em meus pensamentos, eu não percebi que Eufrásio havia se aproximado, sentando-se ao meu lado.

— Me perdoe por atrapalhar sua meditação. É que hoje também estou me sentindo muito sensível. Recordando minha filha querida, bateu saudade imensa aqui no meu peito.

Abracei amorosamente o irmão querido. De fato, reconhecia que aquele havia sido um dia muito especial para todos nós, e realmente não era de se estranhar que Eufrásio, igualmente, se lembraria de sua filha que se encontrava reencarnada naquela ocasião.

— Eufrásio, você é um profundo conhecedor do Evangelho e sinceramente te admiro por isso. Em minha vida material, jamais peguei a *Bíblia* em minhas mãos para estudar ou fui a algum templo religioso ou igreja para orar como você costumava fazer. Entretanto, você já entendeu a importância do conhecimento, mas que apenas conhecimento sem prática não é a solução. É de suma importância compreender que os ensinamentos de Jesus, aliados à ação, nos tornam criaturas melhores e mais sensíveis. A palavra ORAÇÃO já nos diz tudo: primeiro orar depois agir. Apenas orar sem colocar a ação em prática, a fé se torna vazia. Devemos orar, porque a oração verdadeira provém do coração e nos põe em sintonia com o Criador. Porém, em seguida, devemos alicerçar a oração com atitudes e trabalho, de modo que nosso sentimento de fé seja realmente efetivo e eficaz.

— Não obstante, existem questões que demandam tempo. Apenas o tempo é o senhor da razão, o que não significa que o afeto e o amor, que você nutre por seus entes queridos, particularmente por sua filha, vão desaparecer com o tempo. Pelo contrário, você irá perceber, o tempo cura muitas feridas, contudo o sentimento de saudade não tem jeito. Posso assegurar, também sinto muitas saudades de minha mãezinha querida, porque jamais dei importância aos seus conselhos. O sentimento de saudade é algo bom, pois é semelhante a uma mola que nos impulsiona para frente, no sentido de nos tornar criaturas dignas de merecer alguma oportunidade de reencontro dessas pessoas que tanto amamos, seja aqui no Plano Espiritual, seja em visita a eles na matéria.

— Sei que quando isso ocorrer, possivelmente, já não estaremos mais por aqui, porque esse lugar é transitório. Precisamos progredir muito espiritualmente e alcançar o merecimento com o trabalho, desprendimento e muito amor no coração. Talvez ainda estejamos um tanto quanto longe disso, porém, devemos trabalhar e confiar, pois para tudo tem o tempo certo no calendário Divino. Pode ter certeza de que quando menos você esperar irá reencontrar sua filha através de um sonho, porque ela poderá ser trazida em espírito, em desdobramento espiritual durante o sono. Vamos fazer a nossa parte e aguardar o tempo de Deus, irmão.

Eufrásio abraçou-me emocionado, com os olhos orvalhados e disse: — A verdade, irmão Augusto, é que eu tenho consciência disso. Mas, quando a saudade bate mais forte aqui no peito preciso de um abraço amigo. Como agora que você me traz essas palavras que me confortam o coração. O que você disse é a mais pura verdade. A lembrança da minha filha me acompanha e me dá forças, e desejo sinceramente melhorar e evoluir ainda mais. Tudo que faço é pensando nela e por ela, para um dia merecer abraçá-la e me sentir digno novamente de ser chamado de pai, porque infelizmente falhei nessa missão tão sublime que é a paternidade.

Permanecemos em silêncio por mais alguns instantes. Eufrásio surpreendeu-me com um beijo no rosto, e eu sorri agradecido por aquela manifestação de carinho.

— Sei que você na vida pregressa era mais novo que eu, mas considero agora você um irmão mais velho a quem devo carinho, gratidão e respeito — disse emocionado.

O amigo afastou-se para se deitar junto aos demais, adormecendo em seguida. Eu fiquei por ali um pouco mais em meditação e oração. Meu coração palpitava de emoção. Aquele havia sido um dia realmente proveitoso e gratificante. Em seguida, fui igualmente me deitar, e com o coração em paz, adormeci.

O sol raiou novamente trazendo alegria e a luz de um novo dia! Todos pareciam bem-dispostos e alegres, principalmente Sarita e Alaor.

— Eu tive um sonho muito bom, — disse Sarita — mas não me lembro o que sonhei. Só sei que foi algo bom demais, porque acordei sentindo muita alegria.

— Engraçado que aconteceu comigo também — retrucou Alaor. — Tive um sonho, mas não me lembro do que se tratava, apenas sei que foi alguma coisa muito boa, porque acordei sentindo meu coração leve e em paz. Confesso que sinto bem-estar e alegria.

— Eu também tive um sonho muito bom — disse Eufrásio. — Um sonho que valeu a pena e que me trouxe paz e alegria e muito acalentou o meu coração.

Todos haviam tido sonhos bons, proporcionados pela Espiritualidade Superior. Eu já sabia qual era o sonho de Eufrásio, visto que antes de adormecer veio-me uma inspiração que naquela noite a Espiritualidade Amiga traria sua filha em espírito durante o sono dela, para um encontro espiritual com o pai. Que aquele encontro seria muito saudável para a recuperação de Eufrásio.

Muito feliz e emocionado Eufrásio disse: — Sonhei com minha filha, e no sonho eu a abraçava, e ela me beijava com tanto carinho e me chamava de pai! Era um sonho que não queria que acabasse nunca. Acordei hoje sentindo a felicidade de um pai, que foi abraçado pela filha amada, que havia perdido em virtude de uma ação tão estúpida.

Todos estavam felizes; eu senti em meu íntimo que aquele dia seria, certamente, mais uma oportunidade bendita de servir em nome do Cristo, o que traria mais bênçãos e alegrias a todos nós. Antes do desjejum, fizemos a oração matinal e procedemos ao atendimento à Sarita e a Alaor.

Antes de sair para a jornada do dia, eu orientei de forma que pudéssemos nos organizar, considerando que tanto Alaor quanto Sarita ainda requeriam cuidados profiláticos. Não obstante, a participação deles nos trabalhos seria de vital importância para o fortalecimento espiritual de ambos. A orientação foi simples e objetiva: — Alaor e Sarita, vocês irão nos acompanhar nos atendimentos. Contudo, irão apenas participar nas orações nos dando retaguarda enquanto Eleutério, Eufrásio e eu estaremos projetando energias de cura aos irmãos do caminho.

Assim fizemos. Nosso primeiro atendimento foi direcionado ao nosso irmão Lauro, o paraquedista. O sofrimento dele era algo que me tocava o coração; após o atendimento, ele adormeceu profundamente. Em seguida, dispensamos atendimento ao paciente Aldo, nosso irmão que havia exagerado no pecado da gula, mas que, surpreendentemente, apresentava boa evolução. Na sequência, fomos ao encontro de Fernando, o irmão que fora caçador e, então, buscava como distração e esporte a matança de animais silvestres, nossos irmãos menores. Aquele irmão se debatia desesperado, exigindo atenção e amor. Eufrásio, por sua vez, assumiu espontaneamente as orações e rogativas; Alaor e Sarita, de mãos dadas, acompanhavam as preces. Finalmente, nosso irmão adormeceu; pelo menos, durante o sono ele encontrava um pouco de paz em seu espírito atormentado. Em seguida, nós dedicamos o atendimento ao paciente Flávio, o mergulhador. Nesse caso, pude constatar melhora em suas condições espirituais. Não se debatia, somente gemia, insistentemente, em consequência de sua desencarnação traumatizante.

De todos os casos, a situação de Anselmo era a mais grave. O sentimento de ódio cristalizado em sua mente o tornava refratário às energias aplicadas. Obedecendo ao critério do tratamento, procurei auscultar sua mente. Ao adentrar as ondas de seus pensamentos, observei o turbilhão de energias destrutivas oriundas do ódio, que explodia em fluxos densos e escuros de energia a tomarem conta de toda região do córtex cerebral e do sistema nervoso central. A energia exalada pelo irmão assemelhava-se a um líquido denso e pegajoso de tonalidade escura, a impregnar seu cérebro e a região do hipocampo, obscurecendo a glândula pineal bem como o hipotálamo. Seus pensamentos eram de extremo ódio que se retroalimentava.

Confesso que ao observar mais atentamente o córtex de Anselmo, eu apurei manchas escuras, que pareciam espalhadas e impregnadas em seu sistema límbico. Aquele era um caso que exigia explicação mais detalhada para meu entendimento, pois eu tinha a nítida impressão de que aquelas manchas tinham vontade própria, semelhantes a espíritos amorfos, alojados na região cerebral do corpo perispiritual de Anselmo, contribuindo de forma que aquele processo de ódio se realimentasse tal qual um círculo vicioso.

Em oração, pedi inspiração e auxílio para compreender aquele processo obsessivo, que perseguia Anselmo *post mortem*. Imediatamente, senti uma onda de calor a me envolver, semelhante a um estado de transe, instante em que ouvi uma voz a ressoar de forma clara na acústica da minha mente:

Esse irmão atraiu para si, através da sintonia do ódio, espíritos que se alimentam e se comprazem nas energias tóxicas desse sentimento destrutivo. Infelizmente, esses irmãos se afastaram da luz, do amor e do perdão assim permanecendo por longo tempo, alterando e regredindo até atingir essa aparência disforme como pode observar, mas plena de ódio. Cumpre esclarecer que, nessas condições o espírito não involui, mas a forma perispiritual se degrada. É o que aconteceu com esses irmãos porque persistem na sintonia das energias deletérias provenientes do ódio. Nessa situação, eles se alimentam das energias provenientes do sentimento cristalizado no ódio, que une o obsidiado e seus obsessores, tendo por consequência a dependência psíquica extremamente negativa na qual se nutrem reciprocamente.

É um processo doloroso, uma vez que esses irmãos atraídos pela sintonia vibratória do ódio se instalam à semelhança de sanguessugas, permanecendo imantados na casa mental do encarnado ou do desencarnado, potencializando o sentimento de ódio que parece não ter fim. Tornam-se verdadeiros parasitas espirituais, e o obsidiado torna-se um hospedeiro porque oferece a sintonia vibratória e o campo mental feito uma hospedagem conveniente, gerando imantação de difícil ruptura.

Quando o hospedeiro desencarna, traz para o lado de cá esses companheiros, de cujas energias deletérias se retroalimentam mutuamente. Difícil uma solução para um caso complicado como esse. Apenas o amor de Jesus e a ação do tempo para libertar hóspedes e hospedeiro de tamanha dependência energética destrutiva. Por ora, irmão, o recurso é orar e vibrar amor para esses irmãos infelizes, pois o mal é transitório, mas o amor é eterno. E o Criador sabe esperar por seus filhos o tempo que for necessário. Perdoar é um ato de humanidade, um ato de amor, de altruísmo e, acima de tudo, de inteligência.

A explicação que recebia era muito esclarecedora. Mentalmente, porém, ainda sentia necessidade de concluir meu raciocínio: se havia ocorrido uma degradação, ainda que na forma perispiritual, isso não representava uma condição de retrocesso?

Novamente, no silêncio da minha consciência, ouvi a voz silenciosa, mas cristalina que complementou:

Sim, você entendeu corretamente, pois absolutamente não ocorre qualquer situação de involução espiritual. Esses espíritos que você observou e que se apresentam em forma indefinida, à semelhança de sanguessugas, não involuíram absolutamente, porque preservam na casa mental um todo aprendizado e experiências adquiridos ao longo de suas existências pregressas, contudo se tornaram prisioneiros dos sentimentos de ódio que exalavam de forma contínua e violenta que, aos poucos, foi afetando suas formas perispirituais. Repetindo: o espírito em si não involui, mas sua forma perispiritual se degrada à medida que o espírito bombardeia seu próprio patrimônio perispiritual com energias tão devastadoras.

Em suma, espíritos que vibram no ódio alimentam-se do ódio e por fim atraem magneticamente o ódio, pela sintonia vibratória em que transitam mentalmente, realimentando-se indefinidamente, até que haja condições para uma intervenção dos planos maiores, ocasião em que tais irmãos terão suspenso o livre-arbítrio, seguindo em reencarnações compulsórias. Ressaltamos que, em virtude da degradação perispiritual que conquistaram, esses espíritos estarão acolhidos em corpos físicos portando deficiências congênitas dolorosas, bem como problemas mentais profundos, que certamente irão desafiar a compreensão das pessoas comuns e da própria ciência.

A elucidação foi mais do que oportuna para concluir o meu raciocínio. Entendi, em todos os sentidos, a ação destrutiva do ódio e suas consequências na vida do ser humano e quanto sofrimento gera àqueles que ainda não conseguiram perdoar. Admito que me senti penalizado pela situação de Anselmo, infelizmente, um exemplo a demonstrar as consequências terríveis causadas pelo sentimento do ódio naqueles que o alimentam contra si e contra terceiros.

Certamente, muitos não imaginam o malefício que causam às vidas, motivo pelo qual se justifica o esforço íntimo no sentido de perdoar os inimigos e perdoar a si próprio, pois o ato de perdoar liberta o espírito de uma pesada amarra a aprisioná-lo, até que consiga romper sentimento tão aniquilador.

Aquele que ama se eleva. Aquele que perdoa se liberta. Amar é um sentimento divino, mas perdoar é um sentimento de coragem, de quem vence a si próprio. Um sentimento de nobreza de quem venceu seu maior inimigo, que é o egoísmo.

Apesar da situação difícil de Anselmo, o efeito das orações e dos passes fluídicos aplicados, conforme meu entendimento, surtiram efeito salutar, razão pela qual o paciente pareceu relaxar em seu tensionamento agressivo, adormecendo profundamente. Ainda observei seus companheiros sanguessugas, os quais tinham sido igualmente beneficiados, conquanto indiretamente, por meio das orações e energias aplicadas; segundo o que pude observar, haviam reduzido significativamente a carga energética direcionada ao paciente. De todo aquele processo, uma frase do amigo invisível ficou gravada em minha mente: “o mal é transitório, porém o amor é eterno porque Deus é a essência do Amor!”

CAPÍTULO 11

O CÂNTICO DE Francisco de Assis

Nos dias que seguiram, prosseguimos com os cuidados aos pacientes em tratamento, porém as necessidades eram tantas, que estendemos o atendimento a novos irmãos, aumentando consideravelmente a quantidade de assistidos. Nesse formato, nossa equipe trabalhava em tempo integral.

— Vamos precisar programar mais alguns plantões para darmos conta dos nossos pacientes — observou, com bom humor, Eleutério.

Não pude deixar de sorrir, recordando que, quando médico na matéria, quantas vezes "virava" plantões em final de semana com o fim de cobrir adequadamente a quantidade de pacientes nos hospitais.

— Sem dúvida, Eleutério, de repente teremos de abrir concurso para contratação de novos médicos — eu respondi de forma descontraída àquele valoroso companheiro.

Realmente, o trabalho era intenso, mas nada alterava nossa alegria e disposição. A equipe desdobrava-se nos atendimentos, inclusive para novos casos que não se apresentavam tão complexos, o que possibilitava a participação ativa de Alaor e Sarita. Os dois irmãos foram cuidadosamente orientados, de modo a entenderem os mecanismos e o funcionamento dos passes espirituais, como projetar energias magnéticas, bem como os requisitos necessários ao bom atendimento.

— Antes de qualquer coisa — enfatizei – é necessário se colocar em estado de oração, com desejo sincero de auxílio ao irmão que precisa. Não basta simplesmente estender as mãos, mas orar com o coração repleto de amor e procurar sentir empatia em relação àquele que sofre; assim procedendo não faltará o socorro, o amparo espiritual, pois orar com o coração significa estar na condição de antena viva, servindo na condição de intermediário das energias superiores em favor de quem precisa. Reafirmamos a importância de nos tornarmos verdadeiro canal vivo a serviço do amor de Jesus, pois quanto mais nos doamos em favor do próximo, mais benefícios colhemos.

Ambos compreenderam perfeitamente as instruções, e foi com satisfação que observamos os jovens companheiros colocando-se à disposição do trabalho fraterno. Acompanhamos o primeiro atendimento, que foi direcionado ao irmão Lauro. Alaor, de olhos cerrados, aproximou-se e estendeu as mãos em oração. Fez a imposição no centro coronário de Lauro, o paraquedista. Aquele caso não exigia tanta complexidade no atendimento, considerando que o paciente carecia apenas de energias magnéticas para amenizar as dores condicionadas ainda em seu corpo perispiritual, em razão da morte prematura, provocada pelo impacto violento de seu corpo com o solo.

A verdade é que aquela tarefa representava um estímulo aos jovens que se doavam em favor dos assistidos, sempre sob nossa tutela e acompanhamento, e por essa razão apresentavam expressivo progresso em relação às suas angústias pessoais — um aspecto notório, o que nos deixava satisfeitos ao observarmos o avanço de nossos novos companheiros. Entretanto, o que mais me trazia contentamento era verificar a união e a amizade que havia se estabelecido entre nós. Éramos uma equipe diminuta, mas o sentimento de alegria em servir, em nome de Jesus, reconfortava-nos indistintamente.

Eram visíveis a presteza e a satisfação estampadas na fisionomia de Eleutério, no tocante aos atendimentos, bem como às explanações e orientações quando se faziam necessárias. Eleutério era um verdadeiro professor, que sabia ensinar com amor e paciência. Mas, acima de tudo, o que notava em meu colega era o prazer que exprimia ao transmitir aquilo que sabia, com sabedoria e, sobretudo, com humildade.

A felicidade estampada no rosto de Eufrásio era notória, desde que havia encontrado sua filha pelo desdobramento através do sono. Aquele irmão esforçava-se, realmente, para se sentir novamente digno do amor do Cristo e do amor de sua filha muito amada. Alaor progredia claramente, inclusive em relação às suas brincadeiras infantilizadas. Não havia perdido o bom humor, no entanto, mudado sua postura e, substancialmente, o seu palavreado.

Quanto à Sarita, a quem todos dedicávamos muito carinho, sentia que apenas o fato de estar ao nosso lado nos acompanhando nas orações, apesar de sua debilidade, significava um sinal de progresso a olhos vistos.

Assim, prosseguimos com os atendimentos observando a evolução de cada caso. De um modo geral, todos apresentavam melhoras substanciais: Flávio, o mergulhador, estava reagindo muito bem. Nosso irmão Lauro, igualmente, apresentava melhoras consistentes bem como Fernando, o caçador, que apresentava, aos poucos, recuperação animadora. Aldo respondia de forma auspiciosa aos recursos energéticos aplicados, e sua respiração exibia ritmo substancial, apesar de em estado de consciência reclamar de fome, que o enlouquecia. Ainda era necessário deixá-lo adormecido por mais algum tempo.

Entretanto, a condição de Anselmo reclamava cuidados especiais. Em nossas visitas, procurávamos oferecer a ele atenção especial, considerando a complexidade, bem como maior demanda de tempo que aquele caso requeria. Nos atendimentos energias terapêuticas eram direcionadas ao assistido. Ademais, energias de paz e harmonia eram projetadas a fim de beneficiar, igualmente, as sanguessugas enraizadas em seu córtex cerebral. Era ao mesmo tempo interessante e assustador observar aquelas formas amorfas e escuras, jungidas ao sistema límbico, ligadas por filamentos, a se unirem em forma de ventosas, abrangendo inclusive a região do hipocampo do paciente.

Nossa filosofia de trabalho consistia em oferecer o melhor atendimento possível, de acordo com o estado de cada paciente. Àqueles que exigiam mais atenção, a exemplo de Anselmo, estendíamos o tempo que fosse necessário. Um aspecto relevante, que procurei explicar muito bem à equipe, pois para nós o tempo não tinha importância. Essa era minha maior preocupação enquanto médico na matéria. Na época, havia hospitais que não se importavam muito com a qualidade do atendimento, exigindo que as consultas fossem rápidas, com objetivo de lucros. Quanto maior o número de pacientes, maior o faturamento para a empresa. Naquelas situações, os pacientes representavam apenas números, infelizmente.

Eu me lembro que, no início de minha carreira havia trabalhado em um hospital particular muito conceituado, onde o requisito para o bom médico era a quantidade de pacientes atendidos. Nosso chefe clínico costumava dizer: atender bem é atender rápido. Apesar de minha imaturidade, um dia disse a ele que não éramos máquinas e que não estávamos em uma linha de produção. Ele ficou muito irritado e me ameaçou com a demissão. Ainda bem que não me demorei muito naquele ambiente; graças a Deus isso faz parte do passado.

No Plano Espiritual em que nos encontrávamos, no entanto, essa não era a nossa preocupação. De acordo com o meu novo entendimento, o que realmente importava era oferecer um serviço de atendimento de excelência — então eu dizia em tom de brincadeira: porque não mais precisamos faturar. Logicamente, que quanto maior o número de assistidos, mais alento e alívio poderíamos levar aos nossos irmãos em dor. Nesse e em outros tantos aspectos, nossa equipe sempre foi muito coesa. Todos, sem exceção, particularmente Eleutério, que havia sofrido muito nas filas de atendimento dos prontos-socorros da vida.

Em nosso trabalho de atendimento, destaco uma particularidade que me alegrava sobremaneira: o entrosamento entre Alaor e Sarita. Sintonia amigável e simpatia natural fluíam entre ambos, talvez porque ainda conservavam resquícios da juventude da última existência, porém ambos se comportavam com simplicidade, como se fossem dois irmãos. Riam e se abraçavam sem qualquer traço de maldade, com carinho, mas acima de tudo com muito respeito.

Realmente, assemelhavam-se a dois irmãos que haviam se reencontrado, e no trabalho com Jesus, completavam-se. O fato é que dia a dia, a afinidade dos membros de nosso grupo aumentava.

Naquele dia, enquanto retornávamos ao nosso refúgio de Paz, Eufrásio compartilhou uma ideia, desejando ouvir a nossa opinião.

— Do que se trata Eufrásio? — perguntei.

— Uma das coisas que sempre me agradava muito em nossos cultos eram os cânticos de louvor. Sempre traz muita alegria aos frequentadores. Então, pensei comigo mesmo: por que não poderíamos ensaiar algumas músicas para cantarmos no trajeto entre um atendimento e outro?

Sorri com a ideia do amigo. Era algo interessante, que ainda não havia pensado. Eleutério olhou para mim e percebeu que eu havia deixado a ele a tarefa de responder, pois sempre apreciava muitíssimo sua opinião.

— Acho excelente essa inspiração de Eufrásio. Não era Francisco de Assis, que caminhava com seus companheiros entoando cânticos de louvor a Deus, à natureza e aos animais enquanto se dirigia para atender aos pobrezinhos e aos doentes de Hanseníase?

Aquela menção a Francisco de Assis me tocou o coração. Mamãe sempre entoava a canção quando eu era ainda criança. E confesso, achava aquela canção muito linda e tocante. Remetia-me a lembranças afetivas de minha mãezinha e da minha infância.

Sarita ficou muito feliz, dizendo: — Que feliz inspiração, irmão Eufrásio! Eu também recordo que quando cantava me sentia feliz! Os cânticos me traziam muita alegria. O que acha, Alaor? — perguntou animada.

O rapaz exibiu fisionomia meio sem graça.

— Se vocês acham bom, vou concordar. Admito que nunca gostei muito de cantar.

— Mas agora é diferente — justificou Sarita, sempre animada. — Agora é diferente, você vai ver. É muito bom cantar, e se você quiser depois, poderemos fazer um dueto.

Alaor sorriu contagiado pela alegria de Sarita.

Sempre ao final do dia, após as orações sob a regência de Eufrásio, começávamos os ensaios. A voz "não era lá essas coisas", mas a descontração era tanta que ao final parecíamos estar em um coral da Orquestra Filarmônica de Viena. Decoramos algumas canções como: "Segura na mão de Deus" e a "Canção de Francisco de Assis". Essa canção não poderia, impreterivelmente, faltar em nosso repertório!

Estávamos todos muito felizes, e a cada manhã, enquanto nos dirigíamos aos atendimentos, entoávamos: "Segura na mão de Deus e vá! Não temas, segue adiante e não olhes para trás...", ou então: "Senhor! Fazei-me um instrumento de vossa paz, onde houver ódio que eu leve o amor, onde houver ofensa que eu leve o perdão..." Aquilo nos fazia bem, além de contribuir grandemente com o ambiente ao nosso redor. Percebia que ao adentrarmos regiões onde predominava a neblina mais espessa, ao nos aproximarmos o ambiente modificava-se, formando uma espécie de clareira ao nosso redor, propiciando atendimentos mais efetivos aos pacientes.

Evidentemente, que a cantoria não se fazia em voz muito elevada, mas em tom suave até por respeito ao sofrimento de muitos, que estavam naquela região. Entretanto, apesar do tom moderado, a melodia se propagava pelo espaço com suavidade, contribuindo para a harmonia do ambiente onde iríamos prover o atendimento. Ao nos aproximarmos de nossos pacientes, imediatamente, cessávamos a música para nos concentrar na oração e na preparação do atendimento espiritual.

Naquela manhã, ao iniciamos nossa jornada, como normalmente fazíamos, jamais poderia imaginar quantas coisas boas nos aguardavam na consecução de nossas tarefas junto aos pacientes. Passamos na visita costumeira, primeiramente aos mais novos, particularmente os casos mais graves.

O dia foi de intenso trabalho. Já haviam transcorrido algumas horas de nossa jornada quando tivemos uma situação inesperada e muito feliz: estávamos no atendimento ao nosso irmão Flávio que, aos poucos, recuperava a lucidez. Ao final, o irmão levantou a face e em lágrimas rogou permissão para participar da oração, pedindo para nos darmos as mãos e orarmos juntos. Não era apenas um pedido: era uma súplica.

Realmente, aquela rogativa nos comoveu profundamente. De imediato, nós fizemos uma roda segurando nossas mãos, as dele, inclusive, e oramos com sentimento profundo. Sem dúvida alguma, eu senti que aquele irmão estava se restabelecendo rapidamente e que aquela atitude proativa demonstrava, sobejamente, que ele próprio contribuía para sua recuperação. Ao terminarmos, mais uma vez Flávio nos surpreendeu pedindo para cantarmos a canção de Francisco de Assis. Disse que ouvia a música em sonhos e que desejava cantá-la, que sentia necessidade, pois aquela música alegrava seu coração, contudo ele não sabia a letra.

As palavras de Flávio foram, de fato, muito gratificantes para todos nós. Por si só, aquele instante já tinha valido a pena o fato de termos incorporado a música em nosso trabalho. Notei que todos da equipe estavam comovidos e em lágrimas. E não era para menos.

Novamente de mãos dadas, entoamos a canção de Francisco de Assis com suavidade e harmonia. Senti que cada palavra da canção fluía diretamente do coração de cada um de nós. Flávio pediu um abraço, e todos os membros da equipe abraçaram o irmão carinhosamente, com devoção e muito amor no coração.

Flávio parecia uma criança expressando sua alegria em um misto de satisfação e lágrimas. Entendi em meu coração, que Flávio já poderia ser conduzido para nosso refúgio. A exemplo de Eufrásio, Alaor e Sarita, nosso irmão apresentava condições para ser integrado em nosso convívio, considerando que ainda necessitava de recursos terapêuticos dos passes e projeções magnéticas de energias curativas e de harmonia, mas isso iríamos prover com todo cuidado necessário.

Estávamos quase no final dos trabalhos daquele dia, mas ainda restavam alguns pacientes a serem atendidos. Teríamos de estender um pouco mais nossa jornada. O problema é que Flávio recém-desperto requeria cuidados, de forma que não poderíamos levá-lo imediatamente, visto que precisávamos concluir os atendimentos restantes. Era necessário encaminhá-lo ao Recanto enquanto finalizávamos os atendimentos, mas como poderíamos fazer isso? Então, eu tive uma feliz ideia — sugeri a Eufrásio, que juntamente com Alaor e Sarita, acompanhasse Flávio ao nosso acampamento, dando a ele o suporte devido com orações e orientações, enquanto Eleutério e eu seguiríamos em frente nos últimos atendimentos.

Impossível não mencionar a alegria de Eufrásio pela responsabilidade a ele confiada. Imediatamente se prontificou à execução da tarefa, oferecendo respeitosamente seu braço ao novo companheiro, convidando-o a acompanhá-los.

— Venha conosco, irmão Flávio, porque você vai conhecer agora nosso "Cantinho de paz". É um lugar muito especial e diferente do que você está vendo em meio a tantas dores. Lá, conseguimos cultivar um espaço abençoado por Deus, onde você vai descobrir coisas maravilhosas, que o amor do Cristo nos proporcionou, como colheita das semeaduras que foram efetuadas nesses campos de amargura. Diz o Evangelho que cada um de nós colhe em proporções muito maiores daquilo que foi semeado. Que a semeadura é livre e a colheita é obrigatória. Então, com toda certeza esses irmãos, de cujo grupo tenho o privilégio de participar como irmão menor, semearam muito amor para colher tudo aquilo que há em nosso refúgio de amor e paz.

Eufrásio não perdia tempo já se apresentando no exercício daquilo que ele mais gostava e fazia com amor: falar do Evangelho com alegria e entusiasmo em seu coração, fazendo a pregação ao mais novo integrante de nossa equipe. Amparado por Eufrásio e Alaor, Flávio seguiu em direção ao nosso Recanto; Eleutério e eu seguimos com nossa tarefa.

Em nosso caminho, além de Joana, a paciente mais antiga, agregamos ao nosso rol de atendimento novos pacientes: Saulo, Altino, Sebastião, Turíbio, Maurilio e Agenor. Os três primeiros: Saulo, Altino e Sebastião haviam desencarnado por abuso do álcool. Ao dirigir alcoolizados, eles provocaram um acidente fatal ocasionando o óbito. Os demais, Turíbio, Maurilio e Agenor eram fumantes inveterados, que contraíram câncer na laringe, esôfago e pulmões vindo a óbito, após muita dor física, dor esta que se prolongou *post mortem.*

Eram todos casos de muita dor, cujo tratamento nós sabíamos seria prolongado, visto que a dependência físico-química e espiritual se encontrava latente, impregnada nos veículos perispirituais daqueles pacientes. Além da aflição, a desencarnação prematura dos fumantes tinha por agravante a angústia trazida pelos irmãos ao Plano Espiritual: o desejo desesperador e incontrolável pelo fumo.

Já havíamos prestado atendimento a vários pacientes, restando apenas um que me chamou atenção. Senti por ele muita piedade: era Turíbio. Iniciamos o atendimento e, em oração, procurei adentrar seu campo mental, a fim de auscultar sua memória, procurando de alguma forma auxiliá-lo com mais eficácia. Dessa forma, acessei suas ondas de pensamento, o que me permitiu verificar a memória de seus últimos dias terrenos, observando que mesmo em estado terminal de câncer, consciente da gravidade de sua doença, o paciente ainda sentia necessidade incontrolável do cigarro.

Sua situação era tão desesperadora, que inúmeras vezes ele próprio não conseguia identificar o que era mais difícil: suportar a dor da doença impiedosa ou a falta do cigarro, "de uma bela tragada" como dizia à sua esposa angustiada perante a situação do marido: apesar de estar em estado terminal, ainda clamava pelo cigarro, mesmo que aquilo pudesse significar a última coisa a fazer em vida.

— Uma última tragada — implorava Turíbio, ciente de que seu caso não tinha mais solução.

Ao acessar sua memória dos últimos dias, fiquei impressionado com o argumento desesperado empregado para convencer a esposa a atender ao seu desejo:

— Iolanda, me diz uma coisa: quando uma pessoa está condenada à morte ela não tem direito a um último desejo?

Surpreendida com o questionamento daquele companheiro querido de tantos anos, a esposa respondeu: — Sim, pelo menos é o que tenho ouvido. Um condenado à morte sempre tem direito a satisfazer um último desejo. Mas, o que você quer dizer com isso?

— Ora, Iolanda, não vamos nos enganar — disse com a voz sumida. — Todos nós sabemos que meu caso não tem mais jeito. Então, por que negar a mim, que estou condenado à morte, meu último desejo?

— E qual é seu último desejo, meu querido? — disse a esposa em prantos, enxugando a fronte suarenta do marido.

Na verdade, ela sabia qual era o pedido do marido, mas o propósito da pergunta foi na verdade para ganhar tempo, pois não sabia o que fazer para atender àquele pedido irracional.

— Eu só desejava tomar um cafezinho e saborear um bom cigarro. Dar as últimas tragadas. Será que lá do outro lado tem cigarros?

Iolanda abaixou a cabeça e chorou em silêncio. Sabia que o marido estava “nas últimas”, como costumam dizer os mais antigos. No entanto, a dor dele era seu sofrimento. A amorosa esposa em oração já havia implorado que, se pudesse, Deus transferisse para ela a aflição e as dores do marido, se aquilo de alguma forma aliviasse sua dor. Porém, o desejo incontrolável do cigarro, que estava levando seu marido ao túmulo, era demais para sua estrutura emocional.

Vencido pelo cansaço, pela debilidade física e pelo efeito das drogas ministradas para controlar a dor, Turíbio adormeceu encontrando um pouco de paz em seu estado angustiante. Em seguida, o médico passou para a visita rotineira, e a esposa aproveitou para conversar francamente com o clínico.

— Doutor, todos nós sabemos da situação e da gravidade do estado de meu marido. O que o senhor poderia me dizer a respeito? Ele já se encontra em estado terminal, não é mesmo? Existe ainda alguma esperança?

O médico olhou para dona Iolanda com sentimento de piedade. O caso de Turíbio era irreversível. O paciente estava sendo apenas mantido vivo por medicamentos, e sua dor controlada por morfina.

— Dona Iolanda, eu sinto muito. Já conversamos sobre isso, e no caso de seu esposo não há qualquer esperança. Ao menos que ocorra aqui um milagre, coisa que não acredito. Seu esposo está vivendo os últimos dias.

A pobre mulher abaixou a cabeça e chorou.

— Me perdoe, dona Iolanda, mas não posso de maneira alguma dar falsas esperanças. O Sr. Turíbio está em estado terminal, porém chegará a hora que prolongar o sofrimento dele será inviável, embora seja uma opção da família.

— O que o Senhor quer dizer com isso, doutor?

— Estou dizendo que seu esposo já se encontra em estado de extrema debilidade, e em breve seus órgãos não mais irão funcionar, entrando em colapso. Quando isso acontecer, e isso poderá ocorrer a qualquer instante, ele não irá mais resistir. A morte é inevitável. Se isso servir de consolo, dona Iolanda, a morte nos traz a paz, o descanso e acho que do outro lado, pelo menos, não existe dor.

Entendi as boas intenções do colega, mas ledo engano. A morte do corpo físico não nos livra da dor. Eu mesmo era testemunha disso.

Dona Iolanda, com os olhos em lágrimas, implorou ao médico: — Já que não tem mais jeito mesmo, será que não poderíamos levar Turíbio para casa? Pelo menos, lá teria o carinho dos filhos, dos netos e minha atenção.

O médico pensou um pouco e respondeu:

— Nesse estado terminal em que o Sr. Turíbio está, se vocês tiverem condições de contratar um profissional de enfermagem para ministrar a morfina através do soro e dos demais medicamentos, considerando que não tem mais solução, e pensando no bem-estar do paciente em seus últimos dias, estando ao lado dos familiares, poderemos liberá-lo. Porém, quando ele acordar, deverá manifestar esse desejo, e a senhora como responsável terá de assinar um termo de responsabilidade.

— Não tenha dúvida, doutor, de que eu assino esse termo.

Assim aconteceu. Turíbio voltou para casa, sob os cuidados de um enfermeiro, cercado de amor pelos filhos e netos.

Dona Iolanda ficou com o coração partido, após ouvir a opinião dos filhos, que entenderam que se não havia mais esperança, concederiam o último desejo do paciente. Turíbio mal conseguia falar, mesmo assim, auxiliado pelos filhos sentou-se no leito enquanto dona Iolanda levava uma xícara de café aos lábios dele. Apenas molhou a boca com café e em seguida pediu o cigarro que um dos filhos colocou em sua boca e acendeu. Ao sentir o sabor do cigarro aceso sugou com sofreguidão aquele prazer inigualável e mortal. Sua respiração ficou opressiva e sibilante. Turíbio já não tinha mais forças para soprar a fumaça para fora, mesmo assim consumiu o cigarro por completo. Reuniu suas últimas forças para esboçar um débil sorriso de satisfação e sussurrar no ouvido da esposa:

— Deus lhe pague, Iolanda! Agora posso morrer tranquilo, porque já tive tudo que desejava: ver meus filhos, meus netos, sentir sua mão acariciando meu rosto e fumar meu último cigarro. Não tenho mais nada a pedir dessa vida, posso morrer em paz!

Foram suas últimas palavras, pois em seguida entrou em estado de prostração profunda. Como previra o médico, seus órgãos colapsaram completamente embora seu peito arfante tentasse ainda aspirar um pouco de oxigênio, como uma reação mecânica, desesperada de seu corpo físico. Turíbio agonizava, seu diafragma funcionava precariamente, no entanto tudo já estava consumado. Seu coração cansado ainda tentava pulsar descompassado naquele peito depauperado, mas sem sucesso. Turíbio exalou o último suspiro dolorido e sibilante, fechando os olhos para sempre.

Terminei minha ausculta e confesso, eu me senti profundamente penalizado por Turíbio. Havia sido um homem de bem, mas que não tivera consciência e conhecimento para dar o devido valor à preservação da saúde. Por ignorância, como muitas pessoas, ele se entregou ao vício do fumo e da bebida malbaratando o corpo material, arruinando gradativamente a saúde. Com quantas pessoas isso não acontece? Eu me questionei intimamente. Lamentavelmente, muitas, eu respondi a mim mesmo em voz alta.

Eleutério olhou-me com o semblante triste.

— Eu sei o que você está pensando, Augusto. O vício do cigarro e da bebida ceifa a vida de tantas pessoas. Infelizmente, muitos ainda não se conscientizaram. Infelizmente — concluiu.

— Sim, Eleutério. Outro engano das pessoas é imaginar que com a morte tudo termina. Que após a morte todas as dores desaparecem, todas as tormentas simplesmente acabam e que irão gozar do tão almejado descanso eterno. Ledo engano. Aqui estamos nós para descortinar a dura realidade a nos esperar além-túmulo.

— Quando não soubermos valorizar a vida, quando conscientemente nos entregarmos aos vícios das drogas, do cigarro, da bebida e da imprudência no cuidado com a própria vida, as dores, as angústias serão nossas companheiras a nos torturar incessantemente aqui desse lado da vida. E o que é pior: o fumante inveterado não terá à mão o cigarro tão desejado, o dependente de álcool não conseguirá consumir sua bebida predileta, o dependente químico não vai encontrar desse lado "a boca de fumo" ou o ponto de venda das drogas, e isso leva à insanidade mental, porque o desejo incontrolável leva à loucura; muitos são os pacientes em estado deplorável, até que venha a exaustão pela absoluta abstinência de álcool e drogas.

— Mesmo após se livrar da angústia perispiritual causada pela dependência, ainda ficam as sequelas dos desarranjos no perispírito, oriundos das condutas irresponsáveis desses irmãos. Entendo que essa expressão de irresponsabilidade é dura, mas é a grande verdade. Lastimavelmente!

— Poderia esclarecer um pouco mais a respeito dessa expressão: irresponsabilidade? — perguntou-me Eleutério.

— Sem dúvida, Eleutério. Nosso corpo físico é um patrimônio sagrado, a nós confiado por Deus, quando reencarnamos e que serve de veículo de modo que em espírito possamos evoluir. Dessa forma, temos enorme responsabilidade em zelar pela saúde e preservação desse precioso invólucro carnal, essa máquina perfeita, desenvolvida pela sabedoria Divina, cujo propósito é elevar o espírito através das experiências terrenas. É um patrimônio sagrado, repito, que devemos cuidar em nosso próprio benefício. Porém, quando voluntariamente nós nos entregamos aos vícios de toda espécie significa irresponsabilidade, pois ao malbaratar nossa saúde física as consequências são desastrosas, pois refletem no corpo perispiritual a nos acompanhar *post mortem*.

— Entendi perfeitamente, Augusto. Na verdade, o motivo de minha pergunta era para que ficasse registrado esse entendimento a tantos irmãos que ainda não apresentam o estado de consciência que hoje nós temos, depois de passarmos por tanta aflição.

Eleutério tinha razão. Se hoje tínhamos esse entendimento e compreensão, foi em razão de termos passado por experiências dolorosas[6]. Fomos privilegiados apesar de tudo, mas aqueles que puderem, enquanto ainda é tempo, se livrarem dos vícios terrenos, sem dúvida encontrarão um mundo pós-túmulo mais ameno e suave. Lógico, dependendo do que cada um semeou em vida, porque Jesus, O Divino Amigo, ensinou que o plantio é opcional, mas a colheita é certa. Em outras palavras: cada um irá encontrar do lado de cá, exatamente, o que semeou na vida terrena.

6 O autor espiritual refere-se à sua experiência relatada na obra A TERAPIA DO AMOR. Nota do médium.

CAPÍTULO 12

O Paraquedista

O último paciente a ser atendido naquele dia foi Lauro, o paraquedista, e confesso que não imaginaria jamais que ainda haveria mais surpresas a nos aguardar. Iniciamos o atendimento e conforme procedíamos às projeções de energias, o paciente parecia recuperar a lucidez. Ele começou a chorar baixinho, entremeando lágrimas a soluços. Rogamos a Jesus por aquele irmão. Contudo, enquanto realizávamos a oração nos surpreendemos ouvindo sua voz que nos acompanhava em prece.

Surpresos, prosseguimos no atendimento e ao término Lauro parecia estar na mais absoluta condição de lucidez. Levantou os olhos para nós, e pudemos observar que seu rosto ainda estava banhado em lágrimas. Em verdade, o atendimento a Lauro nos trazia mais um fato, realmente surpreendente: o raciocínio lógico e a forma articulada com que o paciente se manifestava significava para nós um acontecimento maravilhoso. O paciente abaixou sua cabeça colocando-a entre as mãos e, visivelmente emocionado, passou a expressar todas as angústias que assolavam seu coração.

— Meus irmãos — disse com a voz embargada — perdoem-me por estar me dirigindo a vocês. Confesso que tenho consciência de tudo o que aconteceu comigo e mais grave ainda: o sentimento de culpa corrói minha alma e dói mais que as dores que trago em meu corpo perispiritual. Tenho plena consciência de que sou o único responsável por tudo que aconteceu comigo. Sei que estou em algum lugar do Umbral, possivelmente aqui seja o Vale dos Suicidas, que tanto ouvi falar, mesmo porque li a respeito.

Ficamos extremamente surpresos com aquela manifestação de Lauro, que prosseguiu em sua narrativa que, certamente, deveria ser muito interessante. Entendemos que aquele irmão necessitava externar sua experiência, até como um desabafo pessoal, o que nos levou a permanecermos em silêncio respeitoso, ouvindo o relato do irmão de modo a exprimir sua angústia e a falar de sua dolorosa experiência. A penumbra da noite já começava a se fazer presente com seu manto escuro, todavia isso não era impeditivo para continuarmos a ouvir a história daquele irmão.

— Nasci em uma família de classe média — Lauro começou a narrar. — Cresci e fui educado em um berço espírita. Meus pais eram praticantes dessa maravilhosa Doutrina, de forma que desde a mais tenra idade era assíduo frequentador das salas de evangelização infantil. Cresci, adquirindo preciosos conhecimentos por meio de leituras voltadas aos ensinamentos de Jesus e de palestras assistidas. Mas, com o tempo as reuniões doutrinárias se tornavam para mim enfadonhas.

— Quando entrei para a faculdade então que as coisas tomaram outro rumo em minha vida. Não tinha mais vontade de participar das reuniões de jovens, nem ler as obras doutrinárias alegando falta de tempo e necessidade de estudar, preparar trabalhos e apresentações para a faculdade, de forma que, aos poucos, fui me afastando completamente de tudo.

Não pude deixar de notar que meus pais ficaram muito tristes com minhas atitudes, mas como sempre fui um bom aluno e nunca ter sofrido qualquer reprovação, tão pouco ter ficado para recuperação em qualquer matéria, servia de boa desculpa para meu afastamento das reuniões, mesmo as dominicais. Às sextas-feiras, juntamente com os amigos da faculdade, emendávamos o final de semana com festas que varavam as noites, chegando em casa apenas no domingo, quando o sol já estava despontando no horizonte. Assim, os finais de semana eram agitados, trocava a noite pelo dia.

— Tudo estava bem para mim porque meu pai bancava os estudos e me supria financeiramente com uma boa mesada. Não fazíamos nada errado, mas baladas regadas a muita bebida, garotas, enfim festas agitadas. Um dos integrantes do grupo gostava de praticar esportes radicais e sua aventura preferida era saltar de paraquedas. "É uma sensação diferente", dizia ele, "muita adrenalina, você sente seu sangue gelar nas veias, mas não tem sensação mais libertadora do que se sentir solto no espaço feito um pássaro, voando livre para só depois de algum tempo abrir o paraquedas". Aquelas palavras mexeram comigo. Senti estremecimento íntimo e percebi que gostaria muito de viver aquela emoção maluca, que de fato tinha revolvido minhas entranhas.

— Não tive dúvidas, no final de semana seguinte eu fui com meu amigo para experimentar aquela sensação indescritível. No início, um instrutor me acompanharia e só depois de alguns saltos eu poderia fazer voo solo. Realmente, não me decepcionei, porque percebi que não havia palavras para descrever a sensação do vácuo me sugando para baixo, e o vento oferecendo resistência, segurando a velocidade da queda enquanto observava o solo se aproximando perigosamente.

— O Instrutor não permitia e não aconselhava que demorasse muito para puxar o cordão que abre o equipamento, mas enquanto o paraquedas não abria, eram poucos segundos que valiam por horas de adrenalina pura. Depois, o choque do paraquedas se abrindo, retendo o corpo no espaço enquanto a queda se tornava monótona, até chegar ao solo. Ficava sempre um gostinho de quero mais. Era como se fosse um vício psíquico de emoções fortes, que começa a mexer com seu íntimo, no qual a gente deseja sempre mais. A necessidade de viver emoções ainda mais intensas torna-se uma droga psíquica, extremamente perigosa e que vicia. Eu não percebia, mas estava me tornando um dependente emocional dos saltos de paraquedas. Queria emoção e adrenalina nas veias.

— Contudo, quando meus pais souberam do esporte perigoso, que eu estava praticando, ficaram desesperados. Minha mãe chorou e implorou, meu pai cortou minha mesada, mas já era tarde. Eu havia concluído a faculdade e consegui o melhor emprego que alguém poderia desejar: tornei-me instrutor de paraquedismo. Assim, saltava constantemente e, de vez em quando, tinha o direito de saltar sozinho para fazer meu espetáculo através das acrobacias aéreas, mantendo a queda livre o máximo possível, vendo o chão se aproximar em velocidade estonteante, esperando quase o limite do razoável para puxar o cordão apenas no último instante.

Comecei a ficar conhecido, havia até plateia quando sabiam que eu saltaria, porque era realmente em minha concepção um espetáculo digno de ser assistido não por meia dúzia de "gatos pingados", mas por uma multidão. Eu me sentia no controle de tudo. Sentir a sensação de liberdade e desafiar o perigo era o máximo. Na verdade, eu sentia que estava brincando com a morte.

— Eu decidi sair da casa de meus pais para morar sozinho e, em um domingo, em que tinha dado mais um espetáculo para a plateia, que já estava se tornando numerosa, papai e mamãe apareceram porque desejavam conversar comigo. Eles haviam assistido a todas as minhas peripécias naquele salto e estavam visivelmente assustados e preocupados com minha conduta, que para eles era uma completa irresponsabilidade de minha parte.

Eu me senti constrangido diante do público e fui grosseiro com mamãe e papai, porque parecia que eu ainda era uma criança e não um adulto, dono de seu próprio nariz. Irritei-me mais ainda, porque enquanto meus amigos queriam me abraçar para comemorar meu salto, mamãe, aos prantos, não desgrudava de mim. Afastei-a com grosseria, feito um garoto mimado e irresponsável, que realmente hoje entendo que era.

— Deixem-me viver como gosto de viver — eu disse aos meus pais. — Vocês viveram a vida toda orando, rezando e fazendo caridades, porque era o que vocês gostavam de fazer. Agora o que realmente eu gosto é disso, entenderam? Sou dono da minha própria vida. Vou viver a vida do meu jeito e fazer o acho que devo fazer e o que gosto, que me dá prazer.

Papai envergonhado se afastou, mas mamãe insistiu: — Filho, você tem que tomar cuidado. Recebemos uma mensagem de um amigo espiritual aconselhando você a interromper imediatamente esse esporte perigoso, porque alguma coisa grave poderá acontecer.

Eu que já havia acostumado a brincar com a morte, sorri com desdém e retruquei: — Se disseram nessa mensagem que a coisa mais grave a me acontecer é minha morte, quero que saibam de uma coisa: se morrer saltando de paraquedas, podem ter certeza de que morrerei feliz! Vou dizer ainda mais: todas as vezes que salto eu vejo a morte bem na minha frente, e ela me sorri, eu também dou um sorriso para ela e logo em seguida dou uma banana a ela.

— Após dizer tudo isso a eles, eu me afastei rapidamente do local. Estava muito irritado, porque entendia que meus pais haviam estragado aquela tarde em que todos comentavam que havia efetuado um salto magistral. Fiquei pensando com meus botões: mensagem espiritual, fazia tempo que não dava bola para o que os espíritos diziam naquelas reuniões enfadonhas: vocês têm que fazer caridade, orar e vigiar. Mudar os pensamentos, ser uma pessoa correta, um cidadão de bem!

Ora, ora, eu era um cidadão de bem. Não fazia mal a ninguém. Apenas queria extrair da vida o máximo daquilo que a vida poderia oferecer. Que mal havia nisso? Não era viciado em drogas, não fumava, apenas bebia um pouco, uma cervejinha de vez em quando porque sempre ia muito bem com os amigos e garotas. Não era um bandido, muito menos tinha a pretensão de me tornar um santo, então estava tudo bem.

— Reconheço, no entanto, que aquela visita de meus pais e a forma com que tratei minha mãe de alguma forma passaram a me incomodar. Comecei a rememorar as palavras de minha mãe e, realmente, achei que eu tinha pensado somente em mim quando os deixei para morar sozinho e levar a vida que desejava levar, como um filho ingrato. Eles que eram pais exemplares e que jamais deixaram que qualquer coisa faltasse em minha vida.

— Ao chegar em meu apartamento naquela noite, comecei a rememorar os livros que havia lido, psicografados por Francisco Cândido Xavier, pelos espíritos de Emmanuel e André Luiz. Confesso que bateu saudade dos tempos em que era mais jovem e gostava de ler os romances de Emmanuel e depois os livros mais técnicos de André Luiz.

— Talvez em virtude de meu estado de espírito, naquela noite, assim que adormeci tive um pesadelo horrível. Sonhei que estava caindo em um abismo profundo, sem fim. O mais estranho é que aquele sonho parecia ser muito real. Tinha a sensação de que aquele era um salto, e que o paraquedas não queria se abrir. Puxava a cordão desesperado, mas nada adiantava porque continuava em queda livre. De repente, vi uma figura assustadora a me dizer: "Você gosta de brincar comigo, não é? Sabe quem sou eu? Claro que você sabe, e deveria estar com medo porque há algum tempo tenho andado à sua espreita". Deu uma gargalhada e desapareceu. Então, eu acordei com um baque muito forte, porque havia caído da cama.

— Depois desse episódio, não consegui dormir o restante da noite. Aquele pesadelo havia mexido de alguma forma comigo. No dia seguinte, eu me levantei mal-humorado e fui tomar café em uma padaria próxima de minha residência. Encontrei alguns amigos, e o papo me descontraiu. Já na rua aspirei profundamente o ar que entrava em meus pulmões e observei que aquele dia estava muito lindo. A luz do sol aqueceu meu coração e me fez esquecer aquele pesadelo horroroso, afastando os receios que a penumbra da noite traz na alma.

— Era uma segunda-feira, e eu decidi que naquela semana prosseguiria com minhas atividades normais e, na próxima semana, poderia tirar um dia de folga para fazer uma visita surpresa a meus pais e pedir desculpas das atitudes grosseiras que tivera. Não era culpa deles, porque me educaram com esmero, dando exemplos de vida e respeito. Acho que estava mesmo um pouco perturbado como os espíritas dizem — falava comigo mesmo para me convencer, tentando me justificar; tanto que tivera aquele pesadelo horrível.

— A semana transcorreu normalmente e chegou o sábado, quando muitas pessoas vinham da capital para saltar. Eram praticantes que, como eu, procuravam aventuras e adrenalina. Alguma coisa, no entanto, não estava bem comigo. Sentia o peito opresso, a respiração pesada, ofegante, e o coração pulsava descompassado. Na verdade, sentia angústia inexplicável dentro de mim. Comentei com meus companheiros que não estava muito legal. Disse que era uma sensação estranha dentro de mim, e todos deram muita risada: "Nada como um bom salto para melhorar o seu dia".

— O dia estava quente e ensolarado, e o pequeno avião não vencia a grande quantidade de praticantes, decolando a cada meia hora com a carga completa. Naquele dia, eu fiquei apenas na orientação e cheguei a saltar com uma moça caloura em sua primeira experiência de paraquedismo. Saltamos e tudo foi tão gostoso, que realmente me senti melhor e resolvi já no final da tarde dar o meu salto.

O avião subiu e quando chegou na altitude adequada, eu olhei para baixo e senti arrepio estranho percorrer a medula espinhal. Mas, já que estava lá nada iria demover meu objetivo de forma que dei o salto no espaço vazio como sempre fazia. Ah! Aquela sensação era indescritível. Eu já era um veterano, mas cada salto parecia ser o primeiro. Senti o vento bater forte em meu corpo na queda livre. Fiz umas piruetas no ar, depois estabilizei o corpo abrindo os braços como se fosse planar. Vi o chão se aproximando em uma velocidade estonteante. Ah, que sensação extraordinária! Ainda desejava desafiar a lei da gravidade mais um pouco, mas de repente minha vista escureceu, senti forte tontura tomando conta de mim. Estava consciente do perigo, fazendo um esforço inaudito para manter os olhos abertos, mas tudo em vão. Pela primeira vez senti uma forte sensação de perigo iminente enquanto medo indescritível dominava completamente minha mente. O solo já estava se aproximando do meu rosto em uma velocidade estonteante, quando desesperadamente tentei puxar o cordão, mas não deu tempo.

Lauro fez ligeira pausa para respirar profundamente, para em seguida prosseguir com sua narrativa.

— Eu não me lembro de mais nada. Despertei aqui há algum tempo, mas não tenho qualquer referência de tempo, sentindo enorme desespero e agonia. As dores no corpo eram insuportáveis. Meu estado de consciência era precário porque não sabia o que era real e o que era imaginação, porque tinha a impressão de que ainda me encontrava vivo, mas em uma dimensão diferente.

Meus pensamentos eram confusos e a dor indescritível, até que vocês vieram e começaram a orar por mim e a me auxiliar. Eu me lembro que após o atendimento eu conseguia adormecer, mas meu sono era povoado de pesadelos horríveis em que aquela figura ria e debochava de mim dizendo: "Você queria brincar comigo, não é? Pois bem, aqui está o resultado de sua brincadeira! Você morreu. Morreu não, você suicidou"!

— Ah, meus amigos, quanta dor! Eu tinha a impressão de que meu corpo perispiritual estava despedaçado por dentro, apesar de aparentar estar bem por fora. Mas as visitas, as orações e as aplicações de energias que vocês projetavam em meu corpo perispiritual dolorido eram uma bênção, um refrigério. Depois de algumas aplicações, comecei a me recuperar e a desejar firmemente agradecer a vocês por tudo que fizeram por mim. E esse dia é hoje, porque embora ainda sinta meu corpo como se tivesse sido moído pela queda, e o remorso esteja corroendo meu coração, emocionalmente me sinto bem.

— A verdade é que agora estou consciente, mas precisou que ocorresse essa tragédia para eu aprender na dor a extensão de meus equívocos. Daria tudo, se pudesse voltar no tempo e reparar o desgosto e o pesar que provoquei a meus pais queridos. Fico desesperado só de imaginar a dimensão do sofrimento de minha mãezinha, quando recebeu a notícia da minha morte. Ela havia me alertado, e eu não dei a mínima importância. Pelo contrário, ainda zombei e a maltratei.

Lauro, mais uma vez, interrompeu sua narrativa e com a cabeça entre as mãos chorou copiosamente. Senti muita piedade daquele irmão, emocionalmente fragilizado, sob forte emoção, em razão do sentimento de culpa que o prostrava. Tentamos de alguma forma amenizar sua aflição, então, o abraçamos e oferecemos o que tínhamos de melhor a ele: conforto espiritual com nossos pensamentos convertidos em oração, rogando a Deus por aquele irmão tão sofrido e arrependido.

Após alguns minutos, como resultado das orações, ele se acalmou, respirou profundamente e mais equilibrado concluiu:

— Meu Deus, por que só nos arrependemos de nossos equívocos e tropeços tardiamente? Sinto-me como um malfeitor, que depois de praticar muitos delitos se arrepende, porque foi apanhado nas malhas da lei. Se não fosse apanhado, continuaria nas práticas delituosas. Pode ser um erro de minha parte, mas é assim que me sinto.

O sentimento de autopunição de Lauro não era algo bom. O reconhecimento da culpa é importante para o arrependimento, porém nosso irmão teria de se fortalecer e mudar sua postura emocional. Procurei confortá-lo com palavras de bom ânimo.

— Irmão Lauro, entendemos perfeitamente tudo o que está sentindo; todos nós já passamos por isso. Já erramos em demasia e foi na dor que encontramos motivo para nos levantar para nova caminhada, porque Deus em sua infinita misericórdia não condena qualquer de seus filhos. Pelos conhecimentos espirituais que é portador, como nos disse, sabe que o Pai Eterno jamais condena. No entanto, criou leis divinas para pautarmos nossos passos e atitudes em conformidade com essas diretrizes; que Deus nos criou simples e ignorantes, mas nos oferece todos os dias as ferramentas necessárias para que, envolvidos em Seu amor, possamos evoluir até a perfeição.

— Jesus já nos disse que somos deuses, porque em espírito somos uma partícula divina que teve origem no próprio Criador. Ele nos fez à sua imagem e semelhança, não na aparência física, mas em espírito, de modo que ao atingirmos a perfeição, que é o destino de todos nós, sejamos em espírito à sua imagem e semelhança. Esse é nosso grandioso destino! Lembre-se: o Pai disponibiliza todos os recursos necessários à nossa ascensão espiritual, dia após dia.

— Aprendemos, entretanto, que se de fato queremos atingir a evolução espiritual temos apenas dois caminhos: o primeiro é o caminho do amor e o segundo é o caminho da dor. Infelizmente, por ainda não entendermos e termos dificuldades imensas na prática do amor — pois ainda é muito difícil o exercício do perdão, pois ainda somos impacientes, intolerantes e intransigentes em nosso egoísmo — vem a dor nos visitar, seja pela enfermidade que nos prostra no leito de dor, seja pelas dificuldades que a vida nos impõe. A dor vem nos visitar seja pela perda de um afeto caro ao nosso coração ou a morte prematura de um ente querido.

— Muitas vezes, apenas quando a dor bate à nossa porta é que entendemos os nossos erros, e que a mudança de postura se torna imperativa. Todavia, ficar indefinidamente lamentando a má sorte e os equívocos cometidos não é um caminho válido. Caiu? Levante-se, pois não importa quantas vezes você caia, o importante é o esforço em se levantar; cada vez que você se levantar após uma queda, você se erguerá mais fortalecido. Os instrutores espirituais nos alertam: é das quedas que se retira energia. Então, não se sinta tal qual um malfeitor, que se arrependeu apenas porque foi apanhado pela justiça. No nosso caso, foi a justiça Divina que nos alcançou e nos impôs o corretivo saudável e necessário, de forma que ocorra o aprendizado pelo arrependimento sincero.

Lauro ouvia atentamente e, aos poucos, suas energias vibratórias tornavam-se mais estáveis. Eu prossegui: — Ressaltamos a vital importância do arrependimento sincero, mas podemos ainda acrescentar que apenas o arrependimento por si só não se torna fator preponderante, de modo que o infrator se sinta digno novamente aos olhos de Deus: é imprescindível que o arrependimento venha acompanhado pela firme vontade de mudanças íntimas, bem como de atitudes e ações sinceras, buscando-se a redenção através de mudança de postura, na plena disposição de alicerçar os passos no caminho do bem com Cristo.

— A motivação, que nos reergueu para nova caminhada, foi que apesar de nossas imensas dificuldades e deficiências, aprendemos que o caminho correto para a redenção da alma é quando esquecemos as próprias dores em favor daqueles que mais precisam. O trabalho em nome de Jesus é uma preciosa terapia, que nos eleva espiritualmente, curando as feridas da alma, porque nos leva a ocupar a mente de forma positiva, ocupar mãos a serviço do bem, não permitindo que haja espaço às intrusões de irmãos infelizes a campearem as mentes ociosas.

— Você tem toda razão, meu irmão. Desejo sinceramente buscar uma oportunidade, como você bem explicou. Sinto de verdade, no fundo de meu coração, que esse é o caminho que desejo seguir, servir e trabalhar em nome de Jesus. Mas, eu me sinto ainda muito fragilizado e humildemente rogo pelo amparo de vocês, de modo que eu possa me restabelecer adequadamente para em seguida ser um trabalhador, assim como vocês.

— Não tenha dúvidas sobre isso, irmão Lauro. Nosso trabalho com Jesus nos resgatou do sofrimento imposto a nós mesmos e transformou essa oportunidade em alegria de poder servir ao Cristo no apoio aos irmãos mais fragilizados, como aconteceu conosco em um passado não muito distante.

Em seguida, Eleutério e eu oferecemos amparo a Lauro, motivando aquele irmão ainda bastante fragilizado e o conduzimos até nosso Recanto de paz.

CAPÍTULO 13

A HISTÓRIA DE *Joana*

Os dias seguintes foram de muito trabalho e oportunidades.

Sarita e Alaor apresentavam evolução bastante animadora em termos de compreensão e fortalecimento. Eufrásio desdobrava-se nos trabalhos de oração e orientação espiritual aos novos integrantes. Na verdade, sentia em meu coração enorme satisfação ao observar as atitudes de cada um e as transformações íntimas em termos de cooperação, desejo sincero de auxílio. Lauro e Flávio eram os mais debilitados, mesmo assim não queriam representar empecilho ao nosso trabalho. Lauro rogou que, pelo menos por enquanto, pudessem ele e Flávio permanecer recolhidos em nosso refúgio, considerando que ele era portador de conceitos básicos da doutrina espiritual e que poderia, se assim o permitíssemos, colaborar transmitindo seus conhecimentos a Flávio, o novo companheiro de lutas.

Concordei de bom grado, uma vez que realmente Lauro apresentava bons conhecimentos da Doutrina Espírita, e dessa forma poderia se sentir mais útil. Ele mesmo fazia questão de ressaltar de modo consciente: conhecimento é muito importante, mas não basta se não estiver alicerçado em ações de amor ao próximo. "Fora da caridade não há salvação" — disse ele fazendo referência à obra *O Evangelho Segundo o Espiritismo*.

Eleutério discretamente me chamou de lado para me confidenciar sua percepção dos fatos: certamente, Lauro tinha conhecimentos bastante profundos, mas não poderíamos nos esquecer que ele, igualmente, carecia de amparo. Segundo o companheiro: "como diz o Evangelho, um cego não pode guiar outro cego, porque caem os dois no despenhadeiro". Naquele caso, não se tratava de dois cegos, mas de dois irmãos espiritualmente frágeis e carentes de apoio.

Fiquei muito satisfeito com a observação ponderada de Eleutério. Demonstrava equilíbrio, bom-senso e cuidado.

— Qual seria então sua sugestão? — eu perguntei.

Ele pensou um segundo apenas e me respondeu: — Eufrásio poderia ficar com eles para o auxílio necessário a qualquer eventualidade. Sarita e Alaor podem vir conosco porque já se apresentam em condições de trabalho.

Sorri satisfeito. Eleutério não me decepcionava. Estava coberto de razão.

Transmitimos a ideia ao grupo, e todos ficaram felizes. Eufrásio não conseguiu esconder sua satisfação com a oportunidade que estaria abraçando, bem como Sarita e Alaor, que estamparam em seus lábios largo sorriso de alegria por estarem trabalhando diretamente com Eleutério e comigo. Não era nada demais, mas para quem até pouco tempo se encontrava em estado de aflição deplorável, a oportunidade representava o resgate da satisfação íntima de poder trabalhar a serviço do Cristo.

Por sugestão de Eleutério, nós formamos duas equipes. Desse modo, poderíamos direcionar os casos mais avançados em termos de tratamento, deixando para o final do dia os casos mais graves, quando, então, nos reuniríamos para tal propósito.

Assim procedemos. Sarita ficou comigo, e Alaor seguiu com Eleutério.

Aproximamo-nos de Joana. Na verdade, o caso de Joana me intrigava, porque apesar de todos nossos esforços, a jovem demonstrava resistência em abrir seu coração para a oração. Seu sofrimento era, por assim dizer, amplificado pela revolta que sentia contra seu namorado e contra Deus. Auscultando sua mente, eu pude entender que aquela jovem havia se deixado seduzir por um homem mais velho, extremamente religioso, ou pelo menos aparentava ser. Convenceu-a, bem como a seus pais, a frequentarem a igreja onde era um integrante bem-conceituado e respeitado por todos. Ela se encantou com aquele homem maduro, de fala mansa e gestos suaves, com sua educação e palavras bonitas, que se esmerava em elogios de sua beleza. Joana não resistiu a tantos galanteios e, embora ainda fosse menor de idade, sua família aquiesceu de bom grado com o cortejo de Ranulfo, que logo se converteu em pedido de casamento.

Não havia felicidade maior no coração de Joana e no de sua família. A jovem sentia-se segura na presença do seu amado. Ranulfo a convenceu que o encontro de ambos havia sido uma preparação de Deus para a felicidade deles, de modo a se casarem, ter filhos e servir ao Senhor. Joana acreditou piamente, que aquele encontro não havia sido meramente um acaso: Deus a havia preparado. Era a vontade de Deus se manifestando e que se concretizava em seus sonhos mais coloridos.

Ranulfo demonstrava ser um homem sério, conquistando desse modo a confiança da família de Joana, de forma que os dois saiam para passeios sem ter hora para voltar. Ranulfo, porém, sabia como conduzir, jamais abusando do horário. O passeio poderia ser até para outras cidades, mas jamais deixou de retornar para a casa de Joana depois das 22h. A família estava conquistada na mais absoluta confiança. Joana sentia seu peito arder de paixão a cada beijo de Ranulfo e nas promessas de uma vida feliz. Até então, a jovem havia resistido às investidas menos lisonjeiras do pretendente. Ranulfo, por sua vez, era ardiloso e usava a religião a seu favor. Estudava a *Bíblia* e conseguia recitar os capítulos e versículos de o *Antigo Testamento* com precisão admirável. Eram muitas qualidades em um só homem: amadurecido, boa aparência, educado, amoroso e uma "lábia fina", feito uma língua de serpente.

Certo dia, disse que deveria se mudar para São Paulo, em virtude de uma oportunidade de trabalho, o que possibilitaria ganhos maiores para viabilizar o casamento. Joana desesperou-se, mas diante das promessas do amado, finalmente capitulou se entregando aos arroubos da paixão avassaladora, que não pensa e perde a razão. Ranulfo, após ter conseguido o que desejava, e depois de alguns dias em que a paixão não deixou qualquer espaço vazio para a concretização de seus desejos inconfessáveis, mudou-se com a promessa de no próximo final de semana retornar já com a situação definida, de modo que pudessem marcar o casamento.

A despedida foi dolorosa para Joana. Pediu desesperadamente a Ranulfo que deixasse o endereço. Claramente, que o rapaz ardiloso não informaria o endereço correto, mas diante da insistência da jovem passou-lhe um endereço de uma das ruas centrais da cidade de São Paulo, próxima ao viaduto Santa Efigênia. Em lágrimas, Joana viu seu amado tomando o ônibus em direção a São Paulo. Aquela semana foi extremamente difícil.

Quando finalmente chegou o sábado, Joana dirigiu-se à rodoviária da cidade à espera do ônibus que vinha de São Paulo, na certeza de que Ranulfo estaria nele. No ônibus do primeiro horário Ranulfo não estava. Em prantos, a jovem ficou na esperança de que certamente viria no ônibus seguinte, que chegaria ao meio-dia. Aquele que ama sempre alimenta esperanças e, na mente de Joana, Ranulfo havia perdido o primeiro coletivo, que saia pela madrugada de São Paulo, mas certamente estaria no próximo que sairia mais tarde. Não queria sair da rodoviária, mas sua mãe a convenceu a ir para casa.

Um pouco antes do horário do ônibus, viriam novamente para esperar a chegada do coletivo. Assim fizeram, e quando finalmente chegou o veículo nova e dolorosa decepção: nem sinal de Ranulfo. Bateu o desespero em Joana, e seus pais procuravam de alguma forma aquietar aquele coração. Quem sabe havia começado novo trabalho e que teria de trabalhar aos sábados? Quem sabe não viria no domingo? A pessoa que ama de verdade busca se agarrar a qualquer coisa para alimentar sua esperança.

Para Joana, era inadmissível que Ranulfo não viesse, assim nem dormiu direito aquela noite, na esperança de que no dia seguinte pela manhã ele chegaria e, então, iriam se abraçar e se beijar muito. Adormeceu sorrindo com essa esperança e expectativa, mas no dia seguinte a jovem enfrentou outra decepção. Joana recusava-se a acreditar que Ranulfo a havia enganado, e seus pais estavam incrédulos. A moça não queria se alimentar, permanecia trancada em seu quarto chorando. Os frequentadores da igreja foram visitá-la, mas Joana não queria visitas.

A situação, no entanto, tornou-se pior quando o pastor da igreja disse que desconfiava de Ranulfo, pois algumas fiéis haviam relatado suas investidas contra outras moças. Isso revoltou ainda mais o coração de Joana, creditando a Deus aquele problema. Não era Ranulfo que a havia enganado, mas sim Deus que havia preparado um homem bom para sua vida, mas que o havia separado, mandando-o para outra cidade. Deus era o responsável por sua infelicidade. Os membros da igreja prometeram orações para acalmar o coração da moça, que parecia tomada por uma ideia sinistra. Como se uma força maior a dominasse, pareceu se conformar, mas era tudo um disfarce.

Na mente de Joana, um plano começava a tomar corpo: iria juntar dinheiro para viajar a São Paulo a fim de procurar seu amado no endereço que ele havia deixado. Deixaria passar alguns dias, para que ninguém desconfiasse de seu plano, e quem sabe nesse ínterim, Ranulfo poderia até aparecer. Aquela ideia trouxe certo alento para a moça, que saiu de sua clausura e parecia ter voltado à vida normal.

Quase um mês havia se passado quando Joana passou a sentir enjoos e tonturas. Sua mãe logo desconfiou: Joana estaria grávida? Levou-a ao médico para consulta e, discretamente, sem que percebesse, confessou ao médico suas dúvidas. O médico procedeu a alguns exames logo comprovando as suspeitas da mãe.

O mundo de Joana desabou: estaria grávida? Seria ela a escolhida de Deus para ser mãe de filhos lindos e maravilhosos, frutos da união deles dois, como dizia Ranulfo? Em um misto de incerteza e revolta, outra ideia ganhou espaço em sua mente: viajaria para São Paulo e ao encontrar Ranulfo e contar sobre a gravidez, ele certamente não iria resistir e voltaria para seus braços e, finalmente, seriam felizes para sempre. Assim aconteceu.

Em um domingo pela manhã, em que seus pais estavam na igreja, ela alegou indisposição e, aproveitando a ausência dos pais, arrumou uma pequena mala de mão e dirigiu-se à rodoviária. De posse de um bilhete, embarcou imediatamente para São Paulo. Deixou uma carta à sua mãe dizendo que iria em busca de sua felicidade. Quando desceu do ônibus na imensa rodoviária sentiu-se perdida. Forte angústia tomou conta de seu peito, certo aperto em seu coração. Pediu orientação aos transeuntes que passavam com pressa até que uma senhora a atendeu: aquele endereço era no centro da cidade, e o mais fácil para ela seria tomar um táxi. Assim fez, mas quando chegou ao endereço indicado ninguém conhecia Ranulfo.

Joana estava exausta, porém o desespero era muito maior. O que fazer? Em frente ao prédio, cujo número era o fornecido por Ranulfo, ela se sentou na calçada e chorou copiosamente. O porteiro do prédio ficou penalizado com a situação daquela moça desamparada. Chamou-a para a recepção do edifício, onde ouviu a história da infelicidade de Joana. Tratava-se de um prédio simples, local de trabalho de Eliezer — ele era além de porteiro, o zelador que, compadecido com a situação da moça, ofereceu seus préstimos para a ajudar enquanto pudesse resolver aquela situação difícil.

Eliezer era um senhor de certa idade e morava com sua esposa em um minúsculo apartamento destinado a ele como zelador do prédio. Explicou a situação da moça à sua esposa, dona Valquíria que, igualmente compadecida, acolheu-a oferecendo sua cama para que a moça pudesse repousar. Em seu desespero, Joana finalmente encontrava um alento em meio à tanta desdita.

Preocupada com o bem-estar de Joana, Valquíria tomou providências de modo que a moça ficasse bem acomodada, mas para isso teria de dormir na cama do casal. Eliezer não se importou em dormir na sala em um colchão improvisado, enquanto Joana se acomodaria com sua esposa no quartinho do pequeno apartamento. Assim, os meses se passaram, e Joana amparada e aconselhada pelo casal amigo resolveu que iria ter o filho, fosse em que circunstância fosse, porque aquele filho era o fruto do seu amor com Ranulfo. Em sua mente, continuava entendendo que aquele filho seria o fruto de um amor preparado por Deus.

Assim veio à luz do mundo um menino lindo e chorão, que encheu de alegria aquele lar simples de Eliezer e Valquíria. O menino chorava muito, talvez por cólicas, tão natural em bebês recém-nascidos, mas bastava Dona Valquíria aconchegá-lo em seu colo, que o choro cessava imediatamente. O menino sentia proteção naqueles braços, cansados de segurar os filhos criados e os netos distantes, daquela mulher que também tinha longa história de sofrimentos. Ainda assim, nada abalava a alegria do bondoso casal, que sentia que a vinda de Joana e do menino havia trazido nova motivação para a vida monótona que levavam. Joana o amamentava e enquanto o bebê dormia, ela procurava emprego.

Em um bar próximo ao Viaduto Santa Ifigênia havia um anúncio na parede informando sobre uma vaga de garçonete, para início imediato. Embora não tivesse experiência, o proprietário sentiu simpatia por Joana e resolveu dar-lhe uma oportunidade. Afinal, ela se mostrava bem-educada e simples. Fora dos horários de almoço, o proprietário permitia que Joana amamentasse o pequeno Pedro, retornando imediatamente ao trabalho. Dona Valquíria não sabia o que fazer de tanta alegria, e Eliezer se desmanchava em carinhos com o bebê, afirmando que se sentiam como verdadeiros avós do menino.

Assim se passaram seis meses, e Pedrinho crescia forte e gracioso, rindo com as graças de Dona Valquíria e do Sr. Eliezer, que se mostravam cada vez mais apegados à criança, mais do que a própria mãe. Compraram um pequeno berço, e os moradores do prédio, sabendo da história, ajudavam com fraldas e roupinhas para o garoto. Na cabeça e nos pensamentos de Joana, ainda encontraria Ranulfo e, em seus sonhos, imaginava que ainda seriam felizes. Porque ainda acreditava que todos aqueles acontecimentos eram da vontade de Deus! Acreditava piamente que Deus um dia colocaria novamente Ranulfo em seu caminho.

Então, certa vez, enquanto servia o almoço aos clientes costumeiros, de repente olhou para a porta do restaurante e seu coração quase saiu pela boca. Bateu descompassado e seu sangue gelou nas veias, porque bem à sua frente Ranulfo adentrava o recinto de mãos dadas com uma moça muito elegante. Joana não se conteve: aproximou-se de Ranulfo, que ficou paralisado diante dela, como se tivesse visto uma assombração. Descontrolada, a moça começou a gritar de forma estridente, chamando atenção dos clientes e do proprietário do estabelecimento.

— Seu desgraçado, você abusou de mim e fugiu, né? Sabia que nós temos um filho? Você também deve estar abusando dessa moça que está ao seu lado, não é mesmo, seu cafajeste?

Todo mundo parou para ver aquele espetáculo deprimente, e o proprietário veio em auxílio de Joana, enquanto algumas pessoas ameaçavam espancar Ranulfo, que apavorado saiu correndo pela rua em direção ao viaduto em frente.

Joana não teve dúvidas, correu em seu encalço, alcançando-o depois de alguns metros. A moça descontrolada implorava para que Ranulfo voltasse para ela. Foi, então, que Ranulfo manifestou sua maior covardia: segurou-a pelos braços e a esbofeteou enquanto dizia: "Não quero nada com você! Jamais te amei e jamais voltarei contigo". Dizendo isso, ele a empurrou com violência enquanto os transeuntes procuravam defendê-la, e mais uma vez Ranulfo saiu em desabalada carreira.

Ferida na queda, Joana chorava copiosamente enquanto algumas pessoas tentavam levantá-la do chão. A jovem apoiou-se no parapeito do viaduto em prantos convulsivos provocando pena naqueles que passavam e observavam aquela cena triste de uma mulher completamente desamparada. Um turbilhão de ideias se formou em sua mente e desencanto profundo tomou conta de seus pensamentos.

A vida havia perdido completamente o sentido para a jovem. Sem esperança em seu coração, ela começou a pensar que mais nada valia a pena. Olhou para baixo e viu os carros passando céleres, e os transeuntes apressados alheios à sua dor e a seus problemas. Então, uma ideia sinistra passou a tomar conta de sua mente: pôr um termo à vida. Sem Ranulfo e sem qualquer esperança na vida, tudo ficava sem sentido.

Joana voltou ao bar arrasada, e o proprietário, ciente da situação da jovem, improvisou ele mesmo o atendimento aos clientes e dispensou-a para que retornasse no dia seguinte, caso estivesse melhor. A moça tomou o rumo de casa. Quando o Sr. Eliezer viu o estado lastimável da moça ficou extremamente preocupado. Joana relatou o acontecido ao casal, pegou o filho no colo e o beijou em lágrimas.

Ela sabia que no armário da dispensa do casal havia uma pequena lata onde continha veneno para ratos. Ao perceber a desdita da moça, Dona Valquíria convidou-a a fazer uma prece, mas a moça sequer prestou atenção nas palavras de amor de sua benfeitora. Aquela ideia sinistra retomou com força, de forma que discretamente pegou a lata de veneno e a escondeu em sua bolsa.

No dia seguinte, antes de sair para o trabalho, abraçou o pequeno Pedro, na certeza de que aquela seria a última vez. Abraçou sua benfeitora com força e a agradeceu, dizendo: — Se um dia acontecer alguma coisa ruim comigo, vocês prometem cuidar do meu filho? Dona Valquíria não gostou da entonação de voz da moça e perguntou: — Por que está me dizendo isso, filha? O que pretende fazer? Por acaso está pensando em fazer alguma coisa errada? Joana procurou disfarçar, dizendo que era apenas uma pergunta e que desejaria de coração que eles criassem seu filho, pois sabia que eles sentiam muito amor por Pedrinho.

Em seguida, dirigiu-se ao trabalho e ao chegar pediu desculpas a todos pelo ocorrido no dia anterior, e que isso jamais se repetiria. Dizendo isso, adentrou o minúsculo quarto, onde costumeiramente trocava de roupa, com um copo de água na mão. Trancou a porta por dentro e abriu o frasco de veneno, despejando seu conteúdo no copo de água. Joana segurou o copo, ainda hesitante, porém o pensamento de colocar fim à existência veio à tona, com toda força. E sem que pudesse se dar conta do que fazia, tomou quase a totalidade da água envenenada. Sentiu o gosto ácido na boca e amargor do líquido descendo pelo esôfago chegando ao estômago onde a dor se manifestou intensa.

A sensação era que havia uma brasa acesa a queimar seu estômago. Era uma dor aguda, até parecia que alguém havia cravado um punhal por dentro de suas vísceras. A dor era tamanha, que qualquer ser humano seria incapaz de suportar. Joana caiu rolando pelo chão, tentando gritar, mas seu grito morria na garganta sufocada pela ação do veneno que fazia efeito, corroendo suas entranhas em dor lancinante e insuportável. A jovem se debateu contra a parede e a porta, enquanto as pessoas no lado de fora tentavam abri-la. Finalmente, alguém conseguiu fazer o arrombamento, deparando-se com aquela situação terrível: Joana apresentava o rosto desfigurado pela dor, contorcendo-se pelo chão em espasmos dolorosos.

O proprietário pegou o carro, rapidamente, para levar Joana ao hospital mais próximo, mas foi tudo inútil, porque ao chegar à emergência hospitalar a infeliz Joana já havia partido da vida material. O médico apenas atestou o óbito. O Sr. Franco, proprietário do restaurante, somente argumentou, talvez penalizado com a situação daquela moça infeliz: "Morreu, agora vai encontrar a paz! Que descanse em paz"! Todavia, Joana encontraria do lado de cá a dura realidade da vida *post mortem* daqueles que cometem o suicídio: que o sofrimento não acaba com a morte do corpo físico e sequer o descanso tão propalado por muitos não existe, porque a vida continua plena na dimensão espiritual com todas as consequências advindas dos atos praticados na vida material.

Enquanto eu procedia às aplicações energéticas na região do centro de força gástrico, que à minha observação se apresentava extremamente comprometido, Sarita segurava as mãos de Joana em oração. Com a mão esquerda sobre o bulbo da paciente, procurava transmitir energias para o equilíbrio emocional, e minha mão direita se espalhava pela região estomacal e intestinal. Sentia forte fluxo contínuo de energias em tonalidade verde-claro, que se estendia pela região afetada pela ação do veneno, que era absorvido rapidamente.

Observei que aqueles órgãos pareciam à semelhança de uma esponja ressequida a impregnar as energias que, aos poucos, suavizavam a dor da paciente em estado de dormência, mas com as dores amenizadas pela ação da terapia benfazeja. Ao final do atendimento, a jovem sentia-se mais confortável, de forma que a deixamos adormecida em local apropriado, visando dar continuidade aos atendimentos aos demais pacientes do caminho.

Visitamos vários pacientes, sempre com o auxílio precioso de Sarita, que se assemelhava a uma enfermeira solícita, amparando a cabeça dos assistidos enquanto orava. Percebi que seus olhos estavam orvalhados pela emoção de poder ajudar e verificar que sua dedicação era útil. Não pude deixar de incentivá-la: — Você está se revelando uma excelente enfermeira, Sarita! Parabéns, você está evoluindo muito bem e auxiliando. Assim, você se sentirá cada vez melhor.

Ela sorriu e com simplicidade abaixou a cabeça para agradecer.

— Devo tudo isso a vocês. Se não fosse por Eleutério e você, não sei o que teria sido de mim.

— Deus acima de tudo, Sarita — eu retruquei. — Jesus nunca falta àqueles que na dor buscam pelo seu auxílio. Sempre haverá um mensageiro do Cristo para, em nome Dele, amenizar a dor e o sofrimento dos irmãos mais carentes do caminho.

Seguimos em frente. O próximo a ser atendido foi o Sr. Turíbio, nosso paciente que havia desencarnado por um câncer pulmonar, em virtude do tabagismo. Quando nos aproximamos, o paciente parecia bastante confuso com a realidade que vislumbrava, pois em sua percepção acreditava estar na vida material, reclamando a presença da esposa, dos filhos e requisitando ainda um cigarro.

— Que diacho estou fazendo aqui neste lugar imundo? Quem será que me trouxe aqui? Eu deveria estar no hospital! Iolanda, onde está você? — Turíbio repetia em altos brados. — Caramba, ninguém me ouve aqui neste lugar? Alguém me traga um cigarro. Sei que estou morrendo, mas já que vou morrer, por que não posso fumar mais um cigarro? Só mais um cigarro. Será que é pedir muito?

Ao nos aproximarmos, Turíbio, com certa dificuldade, tentou se levantar, mas não conseguiu. Então, o apoiamos de forma que ele pudesse se sentar. Sua respiração era ofegante, seu peito estava arqueado, arfante e sibilante. Tossiu como se fosse expelir os pulmões, quase perdendo o fôlego.

— Finalmente alguém me ouviu — disse ele, dirigindo-se a nós. — Até que enfim um médico e uma enfermeira vêm me visitar, porque não aguento mais essa tortura, doutor. O que faço? O senhor não poderia me dar um cigarro? Não sei o que é mais insuportável: se a dor que parece arrebentar meu peito ou a vontade de fumar.

O dia já estava terminando, e o crepúsculo começava a se fazer presente enquanto ainda atendíamos o Sr. Turíbio. As aplicações magnéticas sobre seus pulmões e sobre seu sistema nervoso central o acalmaram, e ele finalmente adormeceu. Estávamos ainda em oração, finalizando o atendimento, quando percebi na penumbra da noite um clarão luminoso vindo do Alto.

CAPÍTULO 14

UM DIA DE *muitas emoções*

Ao olharmos para o Alto, eu percebi que os Caravaneiros de Maria de Nazaré aproximavam-se do sítio onde nos encontrávamos. Sarita sentiu-se tomada de alegria radiante perante aquele acontecimento insólito para ela. A caravana era composta por muitos irmãos das esferas mais elevadas, que se aproximavam daquele palco com o propósito de resgatar os pacientes que apresentassem condições de ser encaminhados aos postos de atendimento nos Planos mais elevados. Mais de perto, eu pude identificar de imediato a presença de Carlos Salviano, e ao seu lado meu inesquecível irmão Jorge, que se aproximou com manifestação de alegria e me abraçou forte. Era sempre uma alegria imensa reencontrar Jorge.

— Que alegria poder revê-lo, Augusto! Não pense que o havíamos esquecido, porque temos acompanhado seu esforço no trabalho com Cristo. E confesso que dessa vez demoramos um pouco mais, pois observamos que você estava arrebanhando novos colaboradores para o serviço fraterno nesse vale de lágrimas!

Eu nada dizia, porque minha voz estava embargada pela emoção. Mas, não era necessário, porque o irmão Carlos Salviano também me abraçou carinhosamente dizendo:
— Parabéns pelo trabalho que você conseguiu dar sequência, após a partida de Jorge. Você e nosso irmão Eleutério merecem nosso mais profundo respeito por tudo que fizeram e estão fazendo!

Nesse ínterim, Eleutério e Alaor aproximavam-se, pois havíamos combinado de nos encontrar naquele local no final dos trabalhos do dia. Jorge e Salviano abraçaram Eleutério, que a exemplo do que ocorreu comigo, foi igualmente tomado de forte emoção, levando-o a choro intenso. Alaor e Sarita pareciam estar em estado de graça.

— Meu Deus, quanta gente boa aqui nessas paragens! — exclamou Alaor.

Enquanto Jorge e Salviano conversavam conosco, observei que a equipe operava atendimentos efetuando resgates, colocando os pacientes em macas apropriadas. Era uma equipe numerosa, e cada qual sabia muito bem o que fazer. Eu me senti muito feliz ao notar o socorro prestado à Joana; em uma padiola ela foi colocada e conduzida para o local de atendimento. Constatei que nosso irmão Aldo estava igualmente sendo resgatado, bem como Turíbio, que há pouco tinha sido atendido.

Foi Salviano quem veio ao meu encontro para esclarecer:
— Irmão Augusto, talvez considere estranho estarmos resgatando alguns pacientes a quem vocês já estavam provendo socorro. Destaco a importância do atendimento que vocês providenciaram, pois foi extremamente salutar a esses irmãos reunirem as condições mínimas para que hoje pudéssemos levá-los conosco.

— Dessa forma, eles já apresentam condições que permitem o resgate; além do mais, eles foram beneficiados pela intercessão superior para que isso acontecesse, particularmente no caso de nosso irmão Turíbio e de nossa irmã Joana. A bondade Divina sempre leva em conta os fatos atenuantes e agravantes, bem como os créditos de cada beneficiário, e as orações efetuadas em favor de cada um.

Nosso irmão Turíbio foi um cidadão de bem, um pai exemplar, um marido amoroso, apesar de teimoso, mas acima de tudo era muito fiel em sua fé. Joana era uma moça ingênua e pura, além do que recebeu muitos pedidos em oração de modo que pudesse descansar em paz. Aldo era uma pessoa de boa índole, mas com o vício descontrolado do garfo.

— Enfim, cada caso é um caso diferente, mas para todos, por mais desprezível tenham sido os motivos do suicídio, todos são dignos da ação da misericórdia Divina, cujas dores devem ser purgadas nesse vale de lágrimas. Contudo, esse sofrimento pôde ser amenizado com o atendimento de irmãos abençoados como vocês.

Enquanto Salviano explanava a respeito dos trabalhos, percebi que os mensageiros trabalhavam céleres no atendimento aos irmãos em dor. Diante daquela movimentação, perguntei ao Mentor acerca da diferença entre o trabalho que nós havíamos prestado e o trabalho do Grupo Socorrista comandado por ele.

Salviano sorriu com benevolência e me respondeu:
— O trabalho em si não difere muito, Augusto, porque vocês providenciaram o atendimento objetivando a recuperação espiritual e o equilíbrio mental e emocional desses irmãos, acompanhando a evolução de cada um de modo que pudessem ser resgatados para o local que vocês denominam, com bastante propriedade, de Recanto de Paz!

— Ora, isso não é pouco, visto que vocês dão toda assistência espiritual a esses irmãos, amenizam suas dores, recuperam suas consciências para a realidade que estão vivendo e os reabilitam. Tudo isso é algo maravilhoso aos olhos de Jesus! Nós agimos igual a vocês, embora ao nos dirigirmos para cá já tenhamos identificado os casos de resgate para nossa Colônia. Como disse há pouco, trata-se de casos específicos, daqueles irmãos que já cumpriram com seu estágio nessa região e que apresentam condições de resgate, e outros tantos que foram objetos da intercessão Divina por acréscimo de misericórdia, em consideração às orações oriundas dos entes bem-amados que estão no Plano físico. Para tudo tem a hora certa e as razões corretas. A bondade Divina jamais esquece quem quer que seja, a misericórdia Divina jamais desampara, jamais falha.

Após breve silêncio, Salviano deu prosseguimento à sua explanação: — No caso de vocês, o mais relevante aos olhos do Cristo é que, ao trabalharem em favor do próximo mais necessitado vocês esqueceram das próprias dores. Não há como exprimir maior mérito diante dos olhos de Deus àquele que estende as mãos aos que sofrem, que levanta o caído e o ampara. Vocês não imaginam os créditos que acumularam nessa tarefa, e que os credenciam a responsabilidades maiores diante da Espiritualidade Superior.

Eu confesso, aquelas palavras me tocaram fundo na alma. Senti forte emoção tomar conta de meu coração. Sinceramente, não me sentia merecedor das palavras de Salviano. Sentia-me ainda um grande devedor perante a misericórdia Divina.

Oportunamente, Salviano expressou que gostaria de visitar o Recanto da Paz, enquanto a equipe operava a ajuda aos irmãos em tratamento. O irmão tinha interesse em conhecer o local, que tinha sido transformado em um oásis de bênçãos em meio a tanto sofrimento, graças ao trabalho árduo de todo o grupo.

Ao chegarmos ao nosso refúgio, encontramos Eufrásio, Flávio e Lauro em oração. Eufrásio levantou-se admirado, provavelmente, com as figuras de Salviano e Jorge, que apresentavam vestimenta translúcida e a região da cabeça nimbada de luz de suave claridade. O irmão prostrou-se de joelhos e, com as mãos postas, possivelmente recordando seus dias de evangélico, disse:

— Vocês devem ser os anjos do Senhor enviados para nos visitar!

E, emocionado, repetia a passagem do Evangelho que diz: "Senhor, eu não sou digno que entreis em minha casa, mas dizei uma só palavra e serei salvo".

Salviano aproximou-se e levantou Eufrásio com um abraço afetuoso e disse: — Irmão Eufrásio, estamos aqui movidos pela Bondade Divina, da mesma forma que vocês. Não somos melhores que ninguém, bem como estamos distantes da condição de anjos. Mas, quero dizer que Jesus ama a todos incondicionalmente, e que vocês também são mensageiros da misericórdia Divina ao trabalharem em nome do Cristo!

Enfim, estávamos todos reunidos: Eleutério, Eufrásio, Alaor, Sarita, Flávio, Lauro e eu. Jorge pediu a palavra e nos disse em tom respeitoso:

— Queridos irmãos, esse lugar que vocês chamam de Recanto da Paz realmente é um refúgio espiritual porque vocês edificaram aqui a paz com muito trabalho e com o amor de seus corações. Esse local se iluminou com os bons pensamentos, ficou saturado de boas energias em virtude do desejo de cada um de se melhorar trabalhando mais e mais em favor do próximo, bem como das orações que vocês fizeram nessa convivência, que se tornou agradável aos olhos do Senhor!

— Nós temos acompanhado o trabalho e a evolução de cada um, no esforço que cada qual dedica à superação de suas próprias dores e angústias. E posso dizer que estamos muito felizes por tudo isso! Vocês não apenas auxiliaram o próximo, mas se ajudaram. Falo em nome da Espiritualidade Superior representada aqui hoje pelo nosso irmão maior Carlos Salviano. Regozijamo-nos em Cristo, porque esse é nosso sentimento de comunhão com as esferas superiores a quem hoje estamos representando.

— Na verdade, hoje vocês todos poderiam seguir conosco, sendo direcionados a diferentes locais de nossa Colônia. Alguns de vocês teriam de estagiar no Pronto-Socorro, outros seriam abrigados no hospital também na condição de pacientes. Devo dizer que Eleutério e Augusto poderiam cooperar no hospital na condição de médicos estagiários para o aprendizado de novas técnicas medicinais do mundo espiritual.

O silêncio era profundo e respeitoso a ponto de ninguém dizer uma só palavra. Foi, então, que Salviano tomou a palavra.

— Nosso desejo sincero é que todos vocês possam nos acompanhar em demanda à nossa Colônia ainda hoje, e como nosso irmão Jorge esclareceu, vocês todos poderiam vir conosco porque têm esse direito. Por outro lado, o trabalho fraterno que têm desenvolvido aqui deve ter continuidade em benefício dos irmãos em atendimento, mas particularmente ainda mais em benefício daqueles que desejam continuar no serviço fraterno. Vocês têm o livre-arbítrio para decidir o que desejam e entenderem que seja o melhor para cada um. Sei que a decisão não é fácil em virtude do amor e do sentimento altruísta de cada um em servir em nome do Cristo. Gostaria de ouvir da consciência de vocês o que desejam nesse momento.

Confesso que senti aperto no meu coração. Não desejava deixar aquele lugar que para mim havia representado a alforria espiritual, em termos de conhecimento e compreensão. O Vale dos Suicidas para mim não era mais um vale de dores e lágrimas, mas uma escola benfazeja, em que havia estagiado tal qual um médico residente, aprendendo no exercício da medicina espiritual, mas acima de tudo aplicando essa medicina com amor verdadeiro, tendo compreendido a importância de servir com desprendimento e alegria no coração. Entretanto, o que ocorreu em seguida foi algo tão maravilhoso que jamais poderei esquecer. Eleutério, visivelmente emocionado, falou com a voz embargada pela emoção, manifestando todo seu respeito por aquele momento tão solene para todos nós.

— Irmão Salviano, Irmão Jorge, a vocês companheiros de trabalho e à Espiritualidade Superior, meu sentimento respeitoso. Sinceramente, considero esse convite extremamente honroso e me alegra em demasia o coração. Confesso que há um bom tempo venho sonhando com essa oportunidade tão especial. Porém, agora que chegou a hora de tomar essa decisão, sinto no íntimo de minha alma o desejo sincero de continuar por aqui ainda por mais algum tempo.

— Quando olho para esses companheiros tão queridos como Sarita, Alaor, Flávio, Lauro e Eufrásio, que se levantaram restaurados no amor que Jesus nos emprestou, porque de nós nada temos, percebo a importância de continuar por aqui perto de tantos outros irmãos em dor. Não quero parecer ingrato diante de tão honroso convite nem pedante por recusar tamanha glória, mas se for permitido, meu maior desejo é ficar e dar sequência a esse trabalho. Não gostaria que essa minha decisão interferisse na decisão dos demais companheiros, que desejam e podem seguir com a Caravana, mas tenho certeza de que jamais estarei sozinho. Sinto sempre a presença do Cristo em meu coração e a companhia de amigos da Espiritualidade Superior nos dando suporte nos trabalhos. Então, tenho plena convicção de que mesmo sozinho, jamais estarei sozinho de verdade.

As palavras de Eleutério tocaram profundamente o coração de cada um de nós. Com os olhos marejados, Eufrásio se prontificou: — Faço das palavras do irmão Eleutério as minhas palavras. Meu desejo é continuar por aqui porque, sinceramente e de coração, eu encontrei o verdadeiro amor do Cristo servindo em Seu Nome os irmãos em aflição. Guardo meu profundo sentimento de gratidão por esse local de desdita onde, apesar de todos meus defeitos e imperfeições, pude encontrar a oportunidade de redenção trabalhando a serviço de Jesus.

Sarita e Alaor igualmente manifestaram o desejo de continuar. Então, a avó de Alaor se fez presente, nimbada de luz, envolvendo a todos nós em fluidos de amor e carinho. Percebi que a presença de dona Eulália era já esperada por Salviano e Jorge que deram boas-vindas àquela veneranda irmã.

As emoções eram muitas e ainda continuariam, porque irmã Eulália dirigiu-se a nós com olhar fraterno de amor despertando sentimentos elevados de alegria e paz íntima. Notei que da região de seu centro de força cardíaco irradiava foco de luz azul-claro a nos tocar o mais fundo de nossos sentimentos. Não pude conter a emoção, evocando a lembrança de minha mãezinha querida.

Disse-nos ela com voz suave e amorosa:

— Irmãos queridos, em primeiro lugar quero externar meu sentimento de gratidão a Cristo Jesus por ter colocado vocês no caminho de meu querido neto Alaor. No trabalho de restauração e soerguimento desse meu neto, que me é muito caro ao coração, vocês foram investidos no amor de Jesus e trabalharam com muita dedicação, respeito e carinho. Fizeram ainda mais, trataram-no com dignidade e respeito, um irmão menor necessitado de compreensão e amor. Meu sentimento de imensa gratidão a vocês, que levo para a eternidade por tamanho gesto de bondade. Quantas vezes estava presente sem que pudessem perceber; apenas Augusto, que com o tempo foi apurando a percepção e sensibilidade, podia me identificar. Mas, sempre acompanhei com muito carinho e respeito todo trabalho que vocês desenvolveram.

— Hoje estou aqui para acompanhar meu neto aos Planos de recuperação dos hospitais de nossa Colônia, onde deverá se restabelecer completamente, para que possamos em seguida dar início ao planejamento de nova existência material; isso será levado a efeito com muito cuidado, de modo que ele não venha, novamente, encontrar as oportunidades que o levaram ao fracasso, culminando em desencarnação em tão tenra idade. A bondade Divina saberá prover as condições necessárias de modo que Alaor não venha a cair nos despenhadeiros das drogas e do suicídio novamente.

Em seguida, abraçou o neto tão querido em transportes de ternura e amor. Alaor, visivelmente emocionado em lágrimas, fez um pedido: — Vovó, eu também gostaria de continuar por aqui por mais algum tempo, mas já que existem novos planos para o meu futuro, gostaria de pedir que Sarita fosse conosco. Seria pedir demais?

Com um sorriso amoroso, a avó aquiesceu com um movimento de cabeça, enquanto estendia o abraço a Sarita.

Desnecessário é dizer nossa emoção: Alaor demonstrava naquele instante sentimento profundo e sincero de amor e respeito por Sarita, que emocionada respondeu: — Sinto-me feliz em poder acompanhar Alaor nessa nova etapa de sua vida! Sei que será para mim de grande proveito e aprendizado. Mas, meu coração fica aqui com esses irmãos queridos! Não sei como expressar meu sentimento de gratidão aos irmãos que me acolheram nesse lugar de amor!

E voltando-se para nós, Sarita complementou: — Irmãos queridos, tenham a certeza de que levarei comigo esse sentimento, e meu coração será eternamente agradecido por tudo que fizeram por mim! Em seguida, Sarita abraçou cada um de nós, carinhosamente.

Lauro foi o próximo irmão a se manifestar a favor de sua permanência no Vale dos Suicidas, alegando que desejava continuar porque sentia que detinha conhecimentos espirituais ainda não valorizados, e que agora era a ocasião de aliá-los ao trabalho. Tinha certeza de que seria o melhor a fazer. Flávio, da mesma forma, expressou o desejo de ficar para poder trabalhar, sentindo-se digno das promessas do amor de Cristo. Estávamos todos muito emocionados. Por fim, Jorge me perguntou:

— E quanto a você, Augusto?

Respirei pausadamente antes de responder. Por quanto tempo aguardei por aquele instante, e agora, diante da decisão a ser tomada, meu coração batia descompassado pela emoção, porque era para mim extremamente difícil partir e deixar aquele trabalho de amor a que eu havia tanto me afeiçoado. O sentimento de alegria ao ver um irmão se levantar e se libertar das amarras da amargura era algo que não havia como explicar em palavras. Então, respondi com a voz embargada pela emoção.

— Meu querido irmão Jorge, irmão Salviano, como poderia dizer a vocês que o meu desejo é, igualmente, permanecer aqui por mais algum tempo? Sinceramente, desejaria partir com vocês, aprender mais sobre a medicina praticada nos Planos mais elevados, mas reconheço que foi aqui nesse palco de desespero que pude me encontrar. E quando me encontrei, conheci o verdadeiro amor do Cristo! E quando finalmente conheci o amor do Cristo pude entender os porquês da vida! Nesse contexto, sinto que em cada ação efetiva no amor de Jesus eu me sinto digno de amor de minha mãezinha, que desejava tanto que eu fosse com ela à igreja para conhecer Jesus como ela imaginava. Quero trabalhar ainda um pouco mais, a fim de poder um dia, quem sabe, desvendar ao coração de minha mãezinha a verdadeira dimensão do amor de Cristo por toda humanidade.

Jorge abraçou-me confortando meu coração: — Sei o que está sentindo, Augusto, pois estive aqui em seu lugar e posso avaliar o que se passa em sua mente e em seu coração. Respeitamos sua decisão, irmão, e exatamente por isso o admiramos ainda mais.

Foi a vez de Salviano me oferecer o consolo de sua compreensão: — Irmão Augusto, é com profundo respeito e admiração que aceitamos sua decisão. Sua presença por aqui é de extrema importância, porque está formando equipes de atendimento que irão dar bons frutos na Seara do Senhor! Vamos dar tempo ao tempo, pois certamente, em breve, outras oportunidades se apresentarão, e quem sabe na próxima você venha conosco!

Em seguida, Salviano olhou profundamente nos olhos de cada um e arrematou: — Vocês estão na prática da melhor terapia quando o espírito está necessitado: o trabalho com Cristo! O trabalho ocupa a mente, desperta alegria de servir, revela a paz interior e previne os ataques das trevas, que costumam bafejar as frestas abertas das mentes vazias.

Aqueles irmãos queridos se despediram de todos nós, abraçando-nos um a um, e se elevaram no espaço! Ficamos acenando com o rosto banhado em lágrimas, até que se tornaram apenas um ponto luminoso desaparecendo ao longe.

Nosso grupo permaneceu em silêncio. Tomei a iniciativa e roguei a todos que dessem as mãos formando um pequeno círculo e, ainda envolvido em profunda emoção, proferi uma prece agradecendo ao Criador:

"Deus nosso Pai, Criador do universo, da Terra e de tudo que nela existe, Pai de Infinita Misericórdia, o Senhor nos enviou seu filho muito Amado por amor à humanidade para que sacrificasse sua própria vida pela salvação de todos. Jesus, no entanto, ainda não foi compreendido em toda extensão de seu amor e sacrifício. O ser humano ignora a dimensão do amor de Jesus, que doou sua vida na cruz para nos resgatar das trevas; muitos de nós ainda têm dificuldades em compreender seus ensinamentos e seguir seus passos.

Pai de Misericórdia, a maioria de nós não conhece seu Filho Amado na plenitude do seu amor esplendoroso a se irradiar por toda humanidade. Jesus nos amou intensamente, sem preconceitos nem exigências desmedidas. Pediu simplesmente que nos amássemos uns aos outros, o que até então não conseguimos fazer com sinceridade, verdade e desprendimento. Muitos se esqueceram de Jesus e muitos simplesmente O ignoram. Que pena, Senhor!

De nossa parte, nós nos sentimos eternamente agradecidos porque viemos a conhecer o Divino Mestre na essência

Divina de seu amor inesgotável aqui nesse vale de sombras e dor. Foi aqui, Senhor, que nas dores e agonias encontramos irmãos abnegados a nos descortinarem novos horizontes de entendimento, onde pudemos nos soerguer, e no serviço despretensioso do bem encontrar a alegria de servir em seu Santo Nome. Aqui estamos e aqui continuaremos a servir, aprendendo no trabalho sincero de auxílio àqueles que sofrem e de ensinar o que aprendemos. Somos gratos, Pai, por já conhecermos, embora discretamente, um pouco de seu amor infinito e misericordioso. Sê conosco agora e sempre, Senhor!"

Suave névoa de luz nos cobria a todos! Deitamo-nos e em breve repousávamos em sono reparador tão necessário após um dia de tantas emoções.

Adormeci profundamente, porém de repente me senti praticamente transportado para outra dimensão, como se fosse um sonho, mas muito real, pois conservava meu estado de lucidez. Não me encontrava mais em nosso refúgio, mas em outro local igualmente aprazível onde havia muita luz. Inicialmente, a claridade intensa me ofuscou, mas logo meus olhos se acomodaram à luminosidade e, então, percebi que estava em um campo verdejante, com muitas árvores e um regato que desfilava entremeando as campinas com o som característico das águas marulhando.

Pude ouvir o canto de pássaros a ecoar pelo espaço. E, ladeando o regato, uma estrada de chão, típica de algumas localidades do interior brasileiro, margeada por flores multicoloridas a se perderem à distância no horizonte. Sentia-me tomado por forte emoção e me perguntando intimamente: que lugar era aquele? Seria talvez um pedacinho do paraíso?

CAPÍTULO 15

Floripes e Tenório

Ao olhar ao longe, eu observei que pela estrada vinha um foco de luz, que se destacava na claridade daquele sítio. Ao passo que se aproximava era possível identificar dois espíritos iluminados acompanhando uma terceira personalidade. Quando se aproximaram um pouco mais, senti meu coração pulsar descontrolado pela emoção: eram Salviano e Jorge que acompanhavam minha mãe.

Foi um encontro inesquecível: abracei minha querida mãezinha em transportes de alegria e lágrimas. Percebi que ela não tinha plena ciência do que estava acontecendo nem conseguia perceber os dois benfeitores ao seu lado. Mamãe apenas me via e chorava emocionada com aquele encontro, talvez inesperado para ela.

Foi, então, que Salviano me esclareceu:

— Augusto, uma mãe jamais esquece o filho amado, e com sua mãezinha não foi diferente. Todas as noites ela pede a Deus para ampará-lo e proteger. Em sua fé, ela sempre roga à Virgem Santíssima que interceda por você. Por outro lado, você já contabiliza créditos suficientes, de forma que foi possível preparar esse encontro tão aguardado tanto por ela, quanto por você. Assim sendo, tão logo cumprimos com nossa obrigação de hoje, recebemos a incumbência de trazer sua mãezinha em desdobramento espiritual durante o sono, para que ocorresse esse encontro entre ambos. Aproveite, irmão, porque esse momento é sagrado e pertence a você e a sua mãezinha! Vamos deixá-los a sós e logo mais a levaremos de volta ao corpo físico. Ela não tem plena consciência do que está acontecendo, mas vai recordar esse encontro amanhã, quando despertar no corpo denso. Irá lembrar-se que esteve com você em um local de muita paz e muita luz; deduzirá, em seu entendimento, que você está no paraíso; conservará em sua memória a figura de seu filho todo iluminado. É assim que ela o identificará em sua visão!

Ficamos, apenas minha mãezinha e eu, sentados na relva verdejante embaixo de uma frondosa árvore. Não saberia dizer quem estava mais feliz com aquele encontro: se eu ou ela.

— Meu filho querido, Deus e Nossa Senhora Aparecida atenderam às minhas preces! Você está aqui no Paraíso! Você está bem. Finalmente, você aceitou Cristo em seu coração?

As palavras de minha mãe me emocionavam pela simplicidade de sua fé genuína e verdadeira!

— Sim, mamãe, finalmente pude compreender Jesus e aceitá-Lo em meu coração e posso dizer à senhora que me arrependo profundamente por não ter ido com a senhora à igreja, como sempre desejou. Foi quando encontrei de fato Jesus em meu coração que pude entender a razão de sua fé em Cristo.

Mamãe abraçava-me e me beijava em transportes de ternura. Eu me sentia feito criança e a segurava nos braços acariciando seu rosto e seus cabelos! Sinceramente, naquele instante pude compreender a beleza do verdadeiro amor de uma mãe por um filho e de um filho por sua mãe. Um amor de dimensões divinas.

— Ah! Como é bom ouvir isso de você, meu filho! Porque tenho orado muito e agora vejo que minhas preces não foram em vão!

— Sim, mamãe, a senhora não imagina como suas preces foram importantes para mim nos instantes de maior tormento, mas na graça de Jesus, eu consegui me levantar e caminhar com Cristo no serviço do amor, levantando os caídos e amparando os irmãos em sofrimento!

Após expressarmos todos nossos sentimentos, permanecemos em silêncio, pois se tratava de um momento sagrado em que a eloquência do amor materno e filial falava mais alto no silêncio das palavras inarticuladas.

Quanto tempo ficamos nós dois naquele enlevo amoroso de mãe e filho? Não saberia dizer, pois quando acordei, no dia seguinte, estava novamente em nosso Recanto de Paz! Todavia, a alegria que ia em meu coração era a realidade mais cristalina daquele encontro que havia recebido durante a noite, patrocinado pela Misericórdia Divina. A imagem de minha mãezinha enfeitava meus pensamentos! Lembrei-me das palavras do Mentor Salviano de que mamãe iria recordar que tivera um sonho, e que em seu entendimento eu me encontrava no Paraíso.

Levantei-me disposto e cheio de energia e esperança para o trabalho daquele dia. Depois da oração de agradecimento, lá fomos nós ao atendimento de mais uma jornada de trabalho, renovados na alegria pela visita dos amigos na noite anterior. Lauro e Flávio pediram para nos acompanhar naquela tarefa.

Na verdade, nos dias que se seguiram, formamos apenas um grupo, uma vez que tanto para Flávio quanto para Lauro, a participação no serviço de retaguarda era a terapia mais apropriada à recuperação do equilíbrio emocional e espiritual.

Sentia que as energias estavam renovadas, e a cada atendimento em que Eleutério e eu participávamos mais ativamente, Eufrásio orientava Lauro e Flávio em relação às orações e vibrações. O ambiente, algumas vezes, apresentava-se com densa névoa, mas bastava iniciarmos o atendimento e as orações, que logo em seguida se formava uma clareira luminosa ao nosso redor. Os benefícios em favor dos irmãos eram visíveis e tinham efeito calmante.

Depois de alguns dias, quando já estávamos com número adequado de pacientes, certa tarde passando por uma região mais distante, observei uma caverna de aspecto soturno que causou-me ligeiro arrepio; senti que deveria adentrar aquela caverna. Pelo ambiente, percebi que Lauro e Flávio não deveriam nos acompanhar. Então, recomendei a Eufrásio que ficasse com eles no lado de fora, prestando atendimento a casos mais leves. Enquanto isso, Eleutério e eu adentramos a caverna.

De imediato, eu senti o ambiente denso e passei a refletir sobre a razão de aquele local estranho ter despertado meu interesse. Não demorou para que descobríssemos a razão de nossa visita. Ao nos ambientarmos à penumbra do local, pudemos avançar mais um pouco. Então, ouvimos gemidos dolorosos, e uma voz estridente e cavernosa a vociferar: — Tem que sofrer! Vai ter que sofrer até o último ceitil! Você foi uma traidora, imoral, achou que se livraria de minha perseguição cometendo suicídio, mas se enganou redondamente!

Ouvia-se um barulho semelhante a chibatadas sobre alguém, pela imposição de algum tipo de castigo. Ouviam-se soluços e choros enquanto uma voz escarninha se divertia, zombando do sofrimento de uma mulher: — Está feliz agora? O que está sentindo ainda está muito longe do fim, porque minha ira é profunda e meu desejo de vingança ainda está longe de se aplacar.

Perante aquela situação, eu tive um pressentimento de que aquela seria uma experiência diferente de tudo o que já havia vivenciado até então. Olhei para meu companheiro, e ele parecia confiante, de forma que me imbuí de coragem e assim prosseguimos em direção aos ruídos. A escuridão reinava naquele local, mas como nossa vista já havia se acostumado à densa penumbra, tínhamos uma visão razoável dos arredores do local. Não obstante, o que presenciamos nos deixou profundamente impressionados. Um homem de aspecto rude e brutal empunhava um chicote com o qual açoitava, sem piedade, uma pobre mulher indefesa estirada ao chão. A cada vergasta, a infeliz gemia enquanto seu algoz prosseguia no suplício de extrema violência. Subitamente, o brutamontes percebeu nossa presença e, interrompendo momentaneamente o castigo, voltou-se para nós trovejando com voz rouca.

— Não se aproximem, porque esse assunto não é com vocês. É apenas entre nós dois. E ela sabe por que está apanhando!

Era perceptível que aquele espírito estava dominado pelo sentimento de ódio, que destilava contra aquela mulher. O que poderia ter acontecido para justificar tamanho suplício?

Como que por instinto, eu levantei a mão em sinal de paz, enquanto procurava inspiração para aplacar tamanha ira.

— Meu irmão, viemos em nome do Cristo! Você deve ter suas razões para o que está fazendo. Porém, estamos aqui para lhe falar que você não irá resolver seus problemas dessa forma.

Quando pronunciei a palavra Cristo, o brutamontes teve um estremecimento: — Cristo? Ora, quem é você para vir aqui me falar de Cristo? Onde Ele se encontrava quando essa mulher matou em seu ventre nosso filho para em seguida me trair no casamento e me enlouquecer envenenando minha vida? Ela não apenas se satisfez matando nosso filho; ela contribuiu para minha morte sem piedade, apenas para satisfazer seus desejos pecaminosos em usufruir de uma vida despudorada com seu amante.

Em oração, eu senti que aquele irmão não era exatamente mau, apenas estava em estado de absoluta revolta por algo ocorrido no passado, que se julgava credor e no direito de exercer justiça com suas próprias mãos. A terrível vingança que exercia sem clemência, em seu entendimento, era lícita como forma de aplacar seus sentimentos de ódio profundo.

Observei que Eleutério permanecia em oração, e, por outro lado procurei manter pensamentos elevados, rogando auxílio e inspiração do Alto. De imediato, recebi valiosa inspiração, pois entendi que a melhor opção seria conversar com aquele irmão, mas acima de tudo ouvi-lo, pois havia nele a necessidade de exteriorizar o fel que represava em seu coração. Ouvir seu desabafo através da sua versão dos fatos seria no momento a melhor terapia.

Dessa forma, eu o incentivei a nos contar o que havia ocorrido e o motivo de sua revolta. Senti em meu peito calor reconfortante, na certeza de que estávamos amparados por hostes superiores, e que aquela era a alternativa possível para a situação que se apresentava. O verdugo interrompeu, momentaneamente, o castigo contra a desventurada irmã e voltou-se para nós.

— Até que enfim alguém se dispõe a me ouvir! Eu preciso dizer as verdades que estão represadas em meu peito. Só sei dizer que minha vingança é justa por todas as maldades que essa mulher fez comigo e com um filho inocente que ainda estava em seu ventre. Ele seria nosso filho! Como pôde fazer tudo isso? Após o desabafo, o verdugo impiedoso abaixou a mão, que detinha a chibata, encostou a cabeça nos braços, apoiado na parede fétida da caverna, e soluçou!

Continuamos firmes na oração, pois sentíamos que o auxílio estava sendo ministrado por hostes invisíveis para nós. Tratava-se de ocasião solene; notei que havia forças do sublime amor do Cristo a se manifestar naquele coração endurecido pelo ódio exacerbado. Aquele homem de aspecto cruel e desumano de alguns instantes antes, agora chorava diante de nossos olhos.

— Como eu amei Floripes! Quando a conheci, ela era uma moça inocente que conquistou meu coração. Como foi capaz de se transformar em uma mulher sem coração e ter coragem de matar um filho indefeso? E não satisfeita com o crime, ela me abandonou sozinho e aflito, provocando minha morte.

Sentou-se no chão úmido da caverna e com a cabeça entre as mãos chorou novamente. Floripes jazia ao lado na posição fetal, em estado de defesa inconsciente. Confesso que eu não sabia dizer de quem eu sentia mais piedade — da mulher sofrida ou de seu verdugo, que até então parecia impiedoso.

Com os olhos em lágrimas, o irmão sofredor levantou sua face e clamou:

— Você falou em Cristo! Quantas vezes pedi a Cristo que me desse forças, e que Floripes voltasse a ser a menina inocente por quem eu havia entregado minha vida e meu coração de matuto. Sim, eu era um matuto, vivia na roça, e na simplicidade fomos felizes. Meu nome é Tenório e quando nos casamos fomos morar em um pequeno rancho no sítio que eu havia herdado de meu velho pai. Pobre, mas sempre honrado. Eu era um caipira bronco do mato, e Floripes era a caboclinha mais linda que eu conheci. Eu gostava de tocar viola e foi na festa da igreja do vilarejo que eu vi Floripes pela primeira vez. Posso dizer que era violeiro e dos bons e de vez em quando costumava soltar a voz e cantar um pouco. As moças do local ficavam me olhando, mas quando Floripes me olhou, pela primeira vez, foi que tive certeza de que aquela era a mulher da minha vida.

Buscar em sua memória os bons momentos vividos fazia bem àquele sofredor impiedoso, demonstrando seu lado humano e amoroso, motivo pelo qual jamais podemos julgar quem quer que seja. Cada um tem sua história, cada qual vive seu tempo de dor e aprendizado. Somos todos infinitamente devedores diante da misericórdia Divina.

A imagem de Tenório se transformava, aos poucos, diante de minha visão. Era difícil imaginar alguém tão cruel há poucos minutos antes, ser capaz de chorar e confessar um amor a enfeitar seu coração em um passado não muito distante. Sentia-me comovido ao olhar aquele verdugo que, diante de minha visão espiritual, revelava seu lado humano, um ser intimamente ferido, mas que fazia pulsar um coração que um dia também havia amado.

O irmão prosseguiu em sua narrativa: — Floripes não tinha pai, apenas mãe e muitos irmãos. Viviam em situação de pobreza, e quando a pedi em casamento sua mãe até chorou de emoção. A pobre senhora temia pelo futuro da filha. Eu não tinha lá muita coisa porque era uma pessoa simples, mas possuía um pequeno sítio e uma casinha humilde, que para mim era como se fosse um palácio, onde fomos morar construindo nosso ninho de amor. O que eu mais queria na vida era ser pai, ver nascer do ventre da mulher amada um filho que seria para mim a concretização de um sonho de vida. Eu seria o homem mais feliz do mundo. Não precisava de mais nada!

Eu já tinha tudo, e aos domingos começamos a ir à missa da capela do vilarejo. Em um desses domingos, fui ao armazém local e comprei os tecidos mais lindos para que a costureira da cidade fizesse belos vestidos, que iriam enfeitar o corpo de minha amada esposa. Eu não percebi de imediato o mal que começara a se manifestar, porque só tinha olhos para ver o lado bom da vida e de Floripes.

O que ocorreu é que o filho do dono da venda havia acabado de chegar da capital. Havia se formado em medicina, e rico, elegante e trajando roupas finas chamava atenção das moças. Seu pai, que era um homem de posse, construiu um consultório chique para que o doutorzinho pudesse praticar a medicina no vilarejo e nas regiões mais distantes da cidade. Tinha um carro reluzente que eu nem sabia que marca era, mas por onde o rapazinho todo engomado passava, as moças suspiravam.

O irmão desassossegado interrompeu por instantes sua narrativa, possivelmente evocando lembranças dolorosas do seu passado. As lágrimas rolavam por sua face, mas ele procurava enxugar com as mãos sujas. Suspirou demoradamente e continuou:

— Vocês não estão se cansando de me ouvir? Acho que estou falando demais.

— De jeito nenhum, irmão! Aqui estamos para ouvir sua história sem julgamentos — eu o encorajei a continuar a narrativa.

Então, aquele doutorzinho era um malandro, um espertalhão que com a desculpa de fazer consultas queria mesmo era tirar proveito da ingenuidade de minha Floripes. Tenho certeza de que no começo ela não teve qualquer interesse naquele doutorzinho barato. Duvido mesmo porque ela era uma menina pura, não tinha maldade. A verdade é que ele ficou admirado com a beleza de Floripes, porque ela apresentava uma graça e uma beleza simples e natural. Quando esse tal doutorzinho chegou na venda, estacionou seu carro reluzente na porta, onde a gente estava escolhendo os tecidos, e se aproximou, e o dono da venda, que era homem da minha confiança, apresentou o sujeito.

Olha, Tenório, esse é meu filho que estudou e se formou em medicina na capital. Agora ele voltou para nossa cidade para cuidar de todo mundo aqui. Não é porque é meu filho não, mas foi formado com louvor em medicina e recusou contratos com os hospitais mais famosos da Capital para vir aqui em nossa cidade tratar do povo que mais precisa. Se um dia precisar de cuidados médicos, aqui está o Arturzinho, pode contar com ele.

O doutorzinho corrigiu o pai dizendo: "Arturzinho não, papai, doutor Artur. Mas, para o amigo aqui e sua linda esposa podem me chamar de Arturzinho".

Dizendo isso, ele se aproximou cheio de galanteios, estendendo aquela mão fina que até estranhei, porque nem Floripes que era uma moça prendada tinha mãos tão aveludadas como aquela. Fiquei pensando, ele deve ter tomado um susto quando apertou e sentiu as minhas mãos calejadas de puxar enxada na roça.

"Muito prazer, seu Tenório, ele falou com voz mansa. Vejo que o senhor é um homem de bem recém-casado. Certamente, deve estar planejando ter um filho para breve. Então, coloco à disposição os meus préstimos como médico. Quando sua esposa engravidar eu terei muito prazer em examiná-la e acompanhar a gestação para que seu filho possa nascer com saúde e vigor e trazer muitas alegrias a sua casa!"

O tal doutorzinho falava muito difícil, e confesso que não entendia muito bem o que queria dizer. Só havia entendido que quando Floripes estivesse grávida ele queria examinar o nosso filho. É o que eu digo: quando a gente não tem maldade, não vê maldade nos outros. Posso dizer que no começo estava meio desconfiado, mas logo me simpatizei com o doutorzinho, principalmente quando ele falou que iria cuidar para que meu filho pudesse nascer com saúde para trazer alegria em minha vida. Era tudo que eu queria ouvir.

Depois de terminada a compra, fomos para casa. Eu estava feliz porque havia comprado roupas bonitas para Floripes. Ela ainda me deixou mais feliz quando disse que esperava que logo pudesse engravidar, porque queria me dar um filho.

Depois de alguns dias, acho que semanas... Ou será que foi mais de mês... Não me lembro bem, um dia Floripes acordou dizendo, que estava com muita tontura e vontade de vomitar. Não podia colocar nada na boca que logo vomitava tudo. Fiquei preocupado, atrelei o meu burro na charrete e fomos para o vilarejo. Era tarefa do doutorzinho ver o que estava acontecendo com Floripes.

Quando chegamos no seu consultório ele foi muito atencioso. Estava conversando com algumas pessoas, mas interrompeu tudo para atender Floripes. Confesso que senti ciúmes quando ele colocou uma ponta de um aparelho em seu ouvido e a outra no peito da minha mulher. Depois nas costas. Depois passou a mão sobre a barriga de Floripes. Não estava gostando nada daquilo, mas logo em seguida ele me acalmou dizendo: "Seu Tenório, parabéns, o senhor vai ser papai. Sua esposa está grávida! Ela não está doente não, apenas gravidez".

Fiquei tão contente que até joguei meu chapéu para o alto e gritei de alegria! Eu ia ser pai. O doutorzinho disse que não precisava receitar remédio, porque essa indisposição não iria demorar para passar. Mas, foi a partir de aí que começou meu suplício!

Tenório abaixou novamente a cabeça e chorou.

Porque com a desculpa de examinar minha mulher e ver a saúde do bebê toda vez que podia ele batia em nossa casa enquanto eu estava na roça. Eu não estava gostando muito daquilo não e comecei a ficar com ciúmes e a descarregar minha raiva em Floripes. Os meses foram passando, ela já estava com a barriga grande, mas para mim ela estava mais bonita que nunca. Floripes sempre me dizia que eu não devia me preocupar porque o doutorzinho só examinava sua barriga ouvindo com aquele aparelho que ele colocava nos ouvidos, mas isso não me deixava sossegado não. Estava ficando muito irritado e nervoso. Um dia resolvi voltar para casa um pouco mais cedo e peguei de surpresa quando ele estava chegando a minha casa e falei bravo:

"O senhor vem em minha casa quando eu não estou aqui, por quê? Pode me explicar? O que está acontecendo?"

Ele me respondeu que estava apenas cuidando da saúde do meu filho, e que eu devia estar agradecido por isso.

"Estou achando muito estranho que o senhor não cobra suas consultas e ainda vem em minha casa examinar meu filho mesmo eu não estando aqui presente", eu falei.

Ele respondeu que eu era ignorante e muito estúpido, porque estava só preocupado com a saúde do meu filho. E que não cobrava as consultas nem as visitas porque eu era pessoa simples. E ainda disse que não tinha interesse em ganhar dinheiro com a gente. Fiquei cheio de raiva quando ele me chamou de ignorante e estúpido. Agarrei o cidadão pelos colarinhos e joguei no meio da estrada empoeirada. Floripes ficou horrorizada e tentou defender o doutorzinho.

"Tenha calma, Tenório, o doutor tem sido atencioso, e você está brigando com ele?"

Aquelas palavras me deixaram ainda mais irritado. Fiquei cego de raiva, fui para cima do doutorzinho que, entrou no carro e se escafedeu antes que eu desse umas bolachas em sua cara. Floripes estava chorando e quando eu a vi chorar fiquei com mais raiva ainda. Ela estava chorando por aquele doutorzinho safado? Não pensei duas vezes: agarrei Floripes e lhe dei um tapa tão violento que ela caiu no chão e ficou chorando. Gritei ainda mais descontrolado e disse: "Cale a boca se não vou te bater ainda mais"!

Saí caminhando pelos campos sem rumo e cheio de ódio. Eu estava inconformado que Floripes havia chorado, porque eu tinha dado um safanão naquele malandro. Estava cego de ódio e não conseguia raciocinar direito. Caminhei a esmo como um louco chegando até o meio da mata onde tinha uma cabana velha. Estava decidido: não queria voltar pra casa naquele dia. Forrei o chão com folha seca para dormir e com o facão cortei uma palmeira e tirei o palmito, fiz um fogo e comi o palmito assado. Aquela foi minha refeição. Não dormi direito aquela noite, cheio de pesadelo onde via Floripes me traindo com aquele safado.

No dia seguinte, acordei e fui direto para o roçado. Na verdade, estava arrependido do que tinha feito, mas no fundo do meu coração aquela suspeita de traição parecia realidade. Mas, apesar de tudo amava minha esposa, estava me sentindo mal pela agressão, mas não tinha coragem de voltar pra casa, encarar Floripes e pedir perdão.

Quando deu umas nove horas da manhã, Floripes chegou no roçado. Seus olhos estavam inchados e vermelhos de tanto chorar e seu rosto estava com marcas da bofetada que havia dado com minha mão pesada. Não falou nada, apenas disse que não estava se sentindo bem, mas que eu não deveria me preocupar. Deixou a marmita com o almoço e uma garrafa de café e foi embora.

Fiquei olhando Floripes indo embora, caminhando com dificuldades talvez pela gravidez, ou pelo resultado da minha agressão. Senti que meu peito parecia explodir de mágoas, remorso e chorei, me sentindo um monstro por dentro. Seria possível que minha esposa fosse inocente, e que eu estava sendo injusto com ela? Talvez eu estivesse enganado e, por estar cego por ciúmes sem razão, e que possivelmente ela não teria nenhum interesse no doutorzinho?

Não conseguia trabalhar. Minha vontade era voltar pra casa e pedir perdão à Floripes, mas eu era um homem e homem não pode ser fraco com as mulheres. Assim, a tarde foi passando e quase no final do dia fui pra casa, temeroso. Não tinha coragem de olhar Floripes de frente. Achei estranho que a casa estivesse fechada e que não havia fumaça saindo pela chaminé. Uma sensação estranha tomou conta do meu peito: feito um louco eu abri a porta, que estava só encostada, e vi que a casa estava vazia: Floripes tinha ido embora.

Saí caminhando pela estrada como um dementado em direção à cidade, a fim de saber se alguém tinha notícias de minha mulher. Quando cheguei no armazém estava com o peito arrebentando de ódio e meus olhos deviam estar soltando fogo, porque o pai do doutorzinho parou o que fazia, me olhou com desprezo e me disse:

"O que você fez, Tenório? Enlouqueceu? Você destratou meu filho, bateu nele e em sua esposa! Está maluco?"

Mais uma vez fui estúpido e grosseiro: "Não quero saber de conversa com o senhor, quero é notícias da minha mulher."

Naquele instante, chegou o doutorzinho, e ao olhar pra ele eu tive vontade de novamente agarrar o pescoço dele, mas o senhor Carvalho, dono do estabelecimento, me apontou uma espingarda dizendo: "Se encostar novamente a mão em meu filho é um homem morto!"

Percebi que ele não estava pra brincadeira. Abaixei a cabeça e chorei como um bezerro desmamado. Percebi que além de bruto, eu era um covarde. Senti vergonha de mim mesmo. O Sr. Carvalho então mandou que me dessem um banquinho pra sentar e um copo de água pra eu me acalmar, mas em seguida me falou um monte de verdades que eu não estava acostumado a ouvir.

"O senhor, seu Tenório, portou-se igual a um covarde batendo em sua mulher por ciúmes injustificados. De maneira nenhuma se justificaria uma atitude tão violenta como essa, ainda mais em uma mulher em avançado estado de gravidez. Sua mulher chegou hoje aqui no meu estabelecimento muito mal. Levei-a ao consultório de meu filho que a examinou. Ela não está bem e corre o risco de perder o bebê, quer dizer, seu filho! Ela dizia que não queria mais voltar para sua casa porque tem medo de sua violência, e então a levamos para a casa da mãe dela."

Fiquei furioso: "Então, ela não queria voltar pra nossa casa? Ela é minha mulher e vou buscar ela nem que seja à força!"

Então, o Sr. Carvalho mais uma vez me ameaçou:

"O Senhor não vai fazer nada disso! Daqui o senhor vai voltar pelo mesmo caminho que veio porque se encostar novamente a mão em sua mulher, irá ajustar contas comigo!"

Aquilo me deixou impressionado. Porque o Sr. Carvalho, homem de bem que eu conhecia há tantos anos, seria capaz de me dar um tiro por causa de Floripes? Em minha cabeça só poderia ser uma coisa: porque seu filho, o doutorzinho, tinha interesse nela. Resolvi voltar pra casa remoendo meu ódio por todos, inclusive por Floripes. Às vezes, sentia saudades dela, sentia que amava mais que tudo na vida, mas em seguida sentia ódio. Eu não conseguia entender por que meus pensamentos eram confusos.

Passados uns dias, um dos irmãos de Floripes veio me avisar que ela estava muito doente e que o doutorzinho havia dado medicamentos, mas que mesmo assim ela havia perdido o bebê. Não falei nada, mas meu coração ficou agoniado e alimentando mais ódio pelo acontecido. Com certeza, aquele doutor malandro tinha dado algum remédio pra Floripes abortar, mas que ela também tinha culpa. Foi então, que tomei uma decisão: se Floripes não fosse minha, não seria de mais ninguém. Iria até a casa da mãe dela e se ela não voltasse comigo, eu mataria Floripes lá mesmo e em seguida me mataria.

Enquanto Tenório relatava a versão de sua história, Floripes parecia ressonar, talvez em virtude de encontrar por alguns instantes um pouco de paz em seu suplício. O que poderia observar é que aquele homem havia se transformado em um verdugo extremamente cruel, movido por um ciúme doentio, e que em sua mente, motivado por perturbações de inimigos invisíveis, perpetrara uma barbárie contra sua esposa e consigo mesmo. Era mais do que importante ouvir o irmão com paciência, pois eu sabia que estávamos sob amparo de instâncias superiores da espiritualidade e que, certamente, em pouco tempo, haveria algum desfecho para aquela situação.

CAPÍTULO 16

O ÓDIO APRISIONA, *o amor liberta*

Estava disposto a dar um fim em tudo aquilo do meu jeito continuou Tenório a relatar sua história. Matutei, matutei por horas e no final do dia peguei minha cartucheira de dois canos com um plano em mente: daria um tiro em Floripes e depois me mataria com um tiro na cabeça. Em meu pensamento, aquela era a melhor solução, porque iria acabar com tudo e pronto. Assim pensando, selei meu cavalo, ajeitando a cartucheira do lado do arreio, e galopei até a casa da minha sogra. Lá chegando, apeei do cavalo, empunhei a cartucheira e chamei por ela na porta. Quando a mãe de Floripes me viu armado gritou desesperada: "Foge Floripes, foge, filha porque o Tenório veio aqui te matar".

Vi quando ela saiu correndo pela porta dos fundos da casa e corri atrás. Minha sogra tentou me agarrar, mas eu dei um forte safanão, ela rodopiou e caiu no chão enquanto eu corria atrás de Floripes, que já estava a uma distância de uns 50 metros, o que para mim não era nada. Tinha boa pontaria, e a cartucheira não negava fogo. Então, agachei e fiz a mira e atirei nas costas. O cano da cartucheira cuspiu fogo e pude ver que Floripes tinha sido atingida, porque deu um grito, rodopiou, caiu no chão e não se mexeu mais. Então, tirei minha botina, peguei a cartucheira, coloquei o cano apontado para minha boca, e com o dedão do pé puxei o gatilho. Não me lembro de mais nada. Ouvia grito e lamento enquanto minha cabeça explodia em dor e tormento que não dá pra imaginar.

Admito que fiquei confuso, porque quando acordei, percebi que continuava vivo. Era tudo muito estranho, porque olhava o mundo ao meu redor e estava escuro, mas eu conseguia enxergar pela neblina que parecia tomar conta da minha vista. Mas, reconheci que estava em minha casa. Como eu tinha ido parar lá? Não fazia ideia, porque tudo estava embaraçado na minha cabeça.

Parecia que estava bêbado, tinha dificuldade em me manter em pé e sentia muita dor de cabeça. Resolvi ir até o vilarejo, meio cambaleante e com dificuldade cheguei lá; pedia às pessoas que passavam pra que me ajudassem, mas ninguém me dava atenção. Entrei no estabelecimento do Sr. Carvalho, tentei falar com ele, mas devia estar com raiva de mim porque nem ligou pra minha pessoa. Parecia que eu ia enlouquecer com a dor de cabeça, que me atormentava sem me dar um segundo de sossego.

De repente, chegou o doutorzinho dizendo que estava indo à casa da mãe de Floripes para cuidar dela. Ele pareceu não me ver e, então, pude ouvir a conversa:

"Pai, estou indo para a casa de dona Margarida e confesso que estou com pena da Floripes. Apesar de já ter passado um bom tempo, ela continua muito abatida com tudo o que aconteceu."

"Ah, meu filho, pudera! Embora já se vá para mais de ano daquele triste acontecimento, para ela foi tudo muito difícil.

Imagina: primeiro perdeu o filho; depois sofreu tentativa de assassinato pelo louco do Tenório. Ainda bem que o tiro que ele deu não atingiu órgão vital — talvez pela distância — mas em seguida aquele doido se matou com um tiro na boca que estourou seu crânio. Isso é um acontecimento que vai durar uma vida inteira, e certamente ela terá muita dificuldade em esquecer."

"Pois é, papai, a verdade é que Floripes entrou em meu coração. Tenho certeza de que ela é a mulher da minha vida!"

"É isso que me pergunto, filho, como pode você, um moço bonito, médico e rico se apaixonar por uma pobre moça que passou por uma tragédia dessas? Você não conseguirá ser feliz e ela também não! Pense bem, meu filho, com tantas moças prendadas e bonitas em nossa cidade!"

"Eu sei, papai, o senhor tem toda razão. Tenho pensado muito nisso, mas o que vou fazer se estou apaixonado por Floripes? É só nela que penso. Já sei, o senhor vai dizer que estou enganado e o que sinto é pena, mas de verdade, eu sinto que amo aquela mulher."

Aquilo que ouvi foi o suficiente! Quer dizer que aquele doutorzinho de meia-tigela estava querendo desfrute com minha mulher? Já não estava satisfeito com a desgraça que tinha causado em minha vida? Aproximei-me dele com tanto ódio, tentando pegar sua garganta, mas não consegui. Porém, ele se desequilibrou e quase caiu. Seu pai ficou preocupado.

"Filho, o que foi que aconteceu? Você está com o rosto pálido e quase caiu."

"Senti uma coisa muito estranha, papai, não sei o que aconteceu. De repente, forte tontura me tomou e minhas vistas escureceram. Tudo rodou em minha volta e senti que ia desmaiar."

"Você precisa de um descanso, filho, tem trabalhado muito. Atende não só as pessoas aqui na cidade, mas vai para os sítios distantes para examinar a criançada dos matutos."

"Faço isso com gosto, papai. Você sabe que para mim não é o dinheiro que interessa, porque já temos o suficiente, mas meu ideal sempre foi o de poder atender aos mais sofridos."

Eles continuaram falando, mas pra mim nada mais interessava. Saí como um louco em direção à casa de dona Margarida. Eu sabia que não era muito perto, mas eu tinha tempo de sobra. Só não entendia o que tinha acontecido: Floripes não tinha morrido, então, eu me matei sem necessidade? Deveria ter caminhado até onde ela estava caída e disparado outro tiro na cabeça dela, em vez disso me matei! Que trouxa que fui! Agora, ela estava à disposição daquele doutorzinho medíocre, que ainda dizia que estava apaixonado.

Enquanto caminhava cambaleante pela estrada eu me perguntava uma coisa: se eu tinha morrido, por que continuava vivo? Ao meu redor era tudo muito estranho, aquela neblina escura não me impedia de caminhar e reconhecer o caminho, mas de vez em quando eu via vultos estranhos de fantasmas e assombrações a me rondarem e gargalhando. Via cobras passando por mim e percebia que minhas roupas estavam rasgadas e em minhas mãos apareciam os ossos. Mas, o ódio que sentia era maior que tudo, o meu desejo de vingança era que me dava forças para prosseguir.

Cheguei na casa da dona Margarida e revivi tudo o que tinha se passado naquele dia. Chorei de ódio e raiva e quando vi Floripes sentada em uma cadeira no quintal tomando sol, eu me aproximei. Percebi que ela estremeceu porque chamou a mãe dela:

"Mamãe, venha aqui depressa, porque estou sentindo uma coisa muito ruim."

"Você tem que rezar, minha filha. Pode ser a assombração do Tenório rondando nossa casa."

Dona Margarida pareceu adivinhar. Como ela pôde sentir minha presença? Floripes entrou na casa, foi até o quarto onde tinha uma imagem de Nossa Senhora Aparecida. Se ajoelhou e rezou um Pai Nosso e uma Ave Maria! Eu não vi nada nem sei o que aconteceu, mas de repente fui expulso daquela casa. Tentei entrar novamente, mas não consegui. Tinha alguma coisa que me impedia de entrar.

Ouvi a voz de dona Margarida dizendo para Floripes:

"Rezou, filha?"

"Rezei, mamãe!"

"Está melhor agora?"

"Sim, estou me sentindo bem melhor."

Eu fiquei rondando pelo terreiro e de vez em quando fazia uma tentativa de entrar na casa, mas não conseguia. Havia alguma coisa estranha naquela casa. Fiquei por lá um bom tempo até que ouvi o barulho de um carro que chegava: era o doutorzinho. Eu não podia entrar na casa, mas ainda poderia pegar o doutorzinho pelo pescoço. Foi o que fiz. Assim que ele estacionou o carro, vi que Floripes saiu da casa e correu para os braços do malandro. Não tive mais dúvidas: ela gostava dele e de certo haviam feito tudo aquilo a fim me tirar do caminho e eles poderem se dar ao desfrute à vontade!

O ódio que senti tomou conta do meu peito e me sufocou. Gritei feito um condenado meu ódio pelos dois, mas eu não tinha forças para agarrar novamente o doutorzinho. Vi que eles entraram na casa, mas fiquei de fora ouvindo a conversa e ruminando meu ódio e meu desejo de vingança. Ouvia o malandro dizendo que amava Floripes e que desejava se casar com ela, e ela dizia que ainda era muito cedo e que também o amava. Como podia? Estava viúva há tão pouco tempo, havia matado meu filho em sua barriga e já amava outro sujeito? Aquele malandro que havia sido a causa de nossa desgraça?

Não, aquilo que eu ouvia não podia ser verdade. Pelo vão da janela entreaberta vi que dona Margarida deixou os dois sozinhos, e eles se abraçaram e se beijaram. Aquilo era demais, me afastei porque não suportava ver aquela cena na minha frente. Depois de algum tempo, vi que ele deu alguns remédios para Floripes; eles se abraçaram e se beijaram novamente e ele foi embora.

Resolvi ficar por lá mesmo rondando. Qualquer hora, Floripes iria sair da casa e, então, não iria me escapar. Foi pensando assim que me acomodei embaixo de uma árvore ao lado da casa e esperei pacientemente. E adormeci. Quando dei por mim já estava tudo escuro e dentro da casa apenas a luz das lamparinas. Depois tudo apagou. Acho que foram dormir, pensei. Foi, então, que fiquei arrepiado, porque ouvi uma voz falando comigo, mas eu não conseguia ver quem era:

"Você quer se vingar dessa mulher que te traiu, não é companheiro?"

No primeiro instante, achei que era uma assombração querendo me assustar porque estava querendo me vingar, mas a voz me sossegou:

“Fique calmo, só quero te ajudar. Ela te traiu e continua te traindo. Só que agora você viu com seus próprios olhos. Percebe o que está acontecendo? Foi exatamente isso, eles planejaram tudo direitinho, e você caiu feito um patinho!”

Eu, com medo, porque não conseguia enxergar, perguntei quem era ele e por que estava falando comigo.

“Você não me vê por que está muito perturbado, atrapalhado e confuso. O que você poderia esperar de uma pessoa que dá um tiro na própria cabeça? Você acha que está bem dos miolos? De jeito nenhum. Você se tornou uma alma penada, uma assombração.”

“Você parece ser muito esperto, então, me diga o que tenho que fazer para me vingar? Não consigo entrar na casa dela.”

“A casa tem proteção porque a mãe dela tem fé e ora todos os dias, então, você não vai conseguir entrar lá facilmente. Vai ter que esperar Floripes aqui do lado de fora. Você vai ver que depois que dorme a pessoa sai do corpo. Essa moça está muito perturbada por tudo que aconteceu e, diferente da casa, não tem muita proteção. Ela vai sair aqui para fora e, aí você vai aparecer pra ela.”

“Será que ela vai conseguir me ver?”

“Você é muito burro mesmo. Ela vai estar aqui do lado de fora em espírito. Ela vai te ver e se assustar, aí você se aproveita e assusta ela pra valer.”

“Você está dizendo isso... Como posso acreditar?”

"Não precisa acreditar no que estou falando. Espere um pouco e verá com seus próprios olhos."

Não demorou muito e Floripes surgiu no terreiro parecendo meio aluada, e quando fiquei na frente dela foi que percebi que ela havia me visto de verdade. Deu um grito e começou a correr. Eu corri atrás gritando palavras de vingança. Floripes corria muito, mas eu corria mais rápido e a alcancei. Agarrei-a com todas as minhas forças, mas de repente ela desapareceu. Sumiu. Ouvi um grito dentro da casa de Dona Margarida. Floripes havia acordado no corpo. Ouvi sua mãe assustada perguntando: "O que aconteceu, filha? Teve algum pesadelo?"

Floripes chorava e eu, pela janela, podia ouvir o que dizia: "Sim, mamãe, tive um pesadelo horroroso! Sonhei que Tenório estava correndo atrás de mim e queria me matar, dizendo que queria se vingar."

"Credo em cruz, filha! Vamos rezar para que o espírito atormentado de Tenório possa se afastar e não queira se vingar de você."

E fizeram uma oração. Senti mais uma vez que não podia chegar nem perto da janela do quarto de Floripes. Eu me afastei, mas me surpreendi porque apareceu em minha frente um homem de capa longa e chapéu escuro. Eu me considerava um caboclo corajoso, que não sentia medo, mas aquela assombração me deixou preocupado.

"Está me vendo agora?" Era a voz que falava comigo. Respondi que sim. Então, ele me disse: "Você vai seguir minhas ordens que vai dar tudo certo. Mas, vai ficar em dívida comigo."

"Se tudo der certo com minha vingança, não vou me importar de ficar em dívida com você."

"Então, está combinado. Agora, preste atenção no que vou te dizer."

Ele me orientou que deveria ficar o tempo todo à espreita, aguardando que Floripes saísse da casa para me aproximar dela. Que ela estava fragilizada no emocional e no espiritual. Eu poderia influenciar para que ela tomasse atitudes perigosas, quem sabe até o suicídio. Que isso seria fácil, porque ela estava deprimida e se tornando presa fácil para aceitar sugestão mental negativa. Eu não entendi muito bem o que aquele sujeito dizia, mas ele me orientou a ficar colado ao lado dela toda vez que saísse da casa. Eu deveria agredir Floripes com todo ódio que estava no meu peito. Não iria demorar para que Floripes enlouquecesse.

Para resumir a conversa: fiz exatamente o que o homem da capa me orientou. Floripes foi ficando cada vez mais assustada, e com o tempo eu conseguia entrar na casa dela porque parecia que ela me chamava em pensamento. Eu não entendia muito bem, mas a coisa estava funcionando direitinho. O doutorzinho vinha várias vezes em visita, mas parecia que ela tinha medo de ficar do lado dele. Eu me sentia satisfeito. Ela começou a me ver mesmo quando estava acordada e se assustava e chorava muito, mas eu não sentia nenhuma pena.

Até que um dia estava muito frio e ela resolveu sair para o quintal e tomar um pouco de sol. Então, eu me aproximei. Ela me viu e saiu correndo em direção ao riacho que ficava ali perto, onde tinha uma cachoeira de pedra. Floripes correu até lá chegando à beira do barranco que tinha uma queda de uns dez metros e ficou à beira do precipício. Quando eu me aproximei, ela me olhou com os olhos arregalados de medo e se jogou no vazio. Seu corpo caiu entre as pedras da cachoeira. Percebi que aquela queda tinha sido fatal. Floripes havia escapado do tiro, mas não da queda. Aproximei-me e percebi que ela ainda não tinha morrido, estava agonizando. Ainda ouvia-a dizer: "maldito, você conseguiu o que desejava. Matou nosso filho e agora matou a mim. Por que fez isso?" Minha vontade era também morrer, mas como? Eu já estava morto!

Veio a polícia do vilarejo, levaram o corpo de Floripes, mas eu não tinha mais acesso a nada. Não via Floripes em espírito. O que faria agora? Senti-me perdido e fiquei pelos arredores da casa de dona Margarida. Quando chegou a noite comecei a sentir receio. Não sabia o que fazer daquela minha vida de assombração. Isso mesmo, eu sentia que havia me transformado em uma assombração sem rumo. Então, nessa noite apareceu novamente o homem da capa — foi assim que passei a chamar aquele homem assustador. Parecia o próprio demo: "Não disse que você iria conseguir sua vingança?" Concordei. Foi, então, que ele me disse: "Agora venho cobrar minha dívida. Você virá comigo e vai obedecer às minhas ordens daqui para frente." Não gostei do jeito que ele me disse, mas eu tinha dado a minha palavra.

Em seguida, ele me disse para segurar a sua mão e fechar os olhos. Senti como se fosse um rodamoinho de tanto vento e rodopios até que ele disse: "Agora abra os olhos." Eu estava em um lugar diferente de tudo que tinha conhecido na vida. Ele disse: "Aqui é o vale dos suicidas, um lugar de trevas e dor. Só que você também é um suicida, então, vai ter que sofrer aqui. Só obedecendo às minhas ordens seu sofrimento pode ser amenizado: você vai atormentar os suicidas que estão nessas cavernas porque vieram para cá com o coração cheio de ódio." Ele deu uma risada dizendo: "O ódio é meu alimento! É um veneno que me faz bem!" E gargalhou. Em seguida disse: "Só que primeiramente você vai sofrer muitas chibatadas como os outros porque o ódio está em seu coração. Se prepara porque você não é melhor que ninguém, apenas como meu servo que não tem o que reclamar." Foi assim que percebi que estava em uma situação muito complicada.

De repente, chegaram três homens grandalhões, cada um com um chicote, e passaram a me chicotear sem cessar. Gritei, implorei, pedi, mas nada adiantou. Eles me davam uma trégua me deixando dormir. Meu desejo era só dormir, porque quando acordava começava tudo de novo. Sentia que não tinha mais forças até que um dia chegou novamente o homem da capa que ordenou: "Agora é necessário que deixem esse imprestável repousar um pouco porque irá ter uma surpresa."

Não imaginava que surpresa seria, mas depois de transcorrido algum tempo, ele apareceu novamente na caverna com Floripes nos braços. Realmente, para mim foi uma grande surpresa. Ela estava inconsciente e, então, me disse: "Viu como tudo valeu a pena? Aqui está a mulher que acabou com sua vida. Agora é sua vez de puni-la à vontade." Senti que o ódio explodia em meu peito e foi assim que passei a castigar Floripes, sem piedade. Mas, confesso que já estou cansado de tudo isso e não aguento mais.

Porém, quando ele chega aqui, se não estiver punindo Floripes com rigor, ele me ameaça: "Você pode escolher, ou ela ou você." Admito que ainda tenho muito ódio em meu peito, mas sinto que já está diminuindo, e ele já percebeu e me ameaça: "Seu ódio está esmorecendo? Cuidado, você é quem sabe. Se preferir sofrer as punições a escolha é sua." E para me atiçar, faz questão de lembrar tudo o que aconteceu me dizendo: "Não pode jamais esquecer-se que ela matou seu filho que ainda não era sequer nascido. Está se lembrando? Esqueceu que ela te traiu com aquele médico safado, como você mesmo diz? Recorda que você se matou feito um idiota por culpa dela? Já esqueceu tudo isso? Vamos lá, não temos tempo a perder. Senão será outro que virá castigar Floripes e você vai tomar muitas chibatadas. Ah! Vai sim! Será que você gostou de tomar chicotadas? Estou achando que gostou", ele dizia, rindo em tom de zombaria.

O irmão em desespero interrompeu, momentaneamente, a narrativa e novamente com a cabeça entre as mãos, chorou copiosamente. Aquele era o momento propício para o socorro necessário: estendi as mãos sobre o alto de sua cabeça, exatamente na região de seu centro coronário, contando com a retaguarda espiritual de Eleutério. Elevei-me em oração e fiz uma prece sincera em favor daqueles irmãos sofredores. Tenório adormeceu profundamente, e nós o acomodamos ao lado de Floripes. Por ora, nada mais poderíamos fazer por aquele irmão. Poderíamos, no entanto, aproveitar a ocasião e levar conosco Floripes, libertando-a daquele suplício sem fim.

Foi o que fizemos.

Enquanto Tenório estava profundamente adormecido na penumbra da caverna, acolhi Floripes em meus braços e, auxiliado por Eleutério, deixamos aquele sítio tormentoso. A noite já ia avançada e enquanto caminhávamos em demanda ao nosso Refúgio, pude notar que o corpo perispiritual de Floripes não era pesado. Sentia meu coração leve e feliz, pulsando em harmonia em meu peito. Elevei os olhos para o espaço e percebi que as estrelas tremulavam no firmamento na alegria do Criador. Aquele havia sido um longo dia, mas tinha valido a pena! Senti imensa satisfação por ter resgatado Floripes daquela gruta horrorosa, palco de tanta amargura.

Ao chegarmos ao nosso espaço, nossos amigos encontravam-se em oração. Eufrásio alegrou-se com nossa chegada, bem como os demais companheiros de jornada. Não houve necessidade de maiores explicações, pois de imediato um raio de luz se fez presente manifestando em seguida a presença dos amigos Salviano e Jorge. Após as saudações costumeiras, Jorge nos informou que mesmo a distância eles acompanhavam nossa tarefa, e que aquele teria sido um trabalho especial e calculado para o resgate de Floripes. Revelou ainda que durante nossa estada naquela caverna, por estarmos na sintonia da oração sob a tutela espiritual, aquela missão havia sido concluída com êxito.

Com fisionomia serena e voz pausada, demonstrando respeito por aquele momento tão solene, Salviano nos trazia informações sobre uma criatura humana que, certamente, havia errado muito em existências pretéritas. Em seu relato, breve trajetória de Floripes.

Em tempos mais recuados, Floripes foi uma mulher de beleza exuberante e ambições desmedidas. Em uma de suas existências mais recuadas foi uma cortesã a abusar de seus dotes físicos, de sua beleza, para escravizar aqueles que se deixavam seduzir por sua inteligência e astúcia. Enganou muitos incautos e zombou daqueles que se apaixonaram por ela. Amealhou considerável fortuna, fruto da bajulação dos interessados e apaixonados.

O homem, ao se apaixonar loucamente perde a razão, o raciocínio lógico. Assim aconteceu com vários pretendentes, que foram à loucura quando perceberam que eram apenas simples objeto dos interesses egoístas daquela moça. Um dos casos mais fatídicos ocorreu quando dois amigos da nobreza se apaixonaram por ela e resolveram que ela teria de se decidir por um deles. Uma situação difícil, considerando que ambos eram poderosos. Floripes percebeu que estava em uma "encruzilhada perigosa", pois qualquer um dos dois que ela desagradasse, poderia se voltar contra ela. Então, elaborou uma artimanha bem urdida: ela convenceu os dois pretendentes a duelarem entre si, e o vencedor levaria o cobiçado troféu: seu coração. O duelo, contudo, teve consequências trágicas, pois o vencedor que feriu o adversário, que teve morte imediata, sofreu tantos ferimentos que ao final desencarnou.

Enfim, o resultado daquela atitude insensata foi a morte de ambos os pretendentes. A partir daquela tragédia, os dois homens que antes eram amigos tornaram-se inimigos mortais e, na condição de desencarnados, livres da matéria e com a alma envenenada pelo ódio, passaram a exercer um ciclo de vingança aparentemente sem fim contra Floripes, que prosseguiu em sua vida abusando da sorte.

A idade foi chegando para Floripes e ela, por sua vez, passou a iniciar jovens bonitas explorando o lado obscuro do ser humano na fraqueza moral, destruindo vidas e valores humanos. Para agravar ainda mais sua situação, ela se especializou na prática do aborto; caso alguma de suas meninas engravidasse, ela tomava providências que julgasse necessárias, promovendo abortos de forma indiscriminada. Vidas se perdiam nos ventres das futuras mães. Além do mais, muitas mães, igualmente, sucumbiam em consequência do delito praticado.

Ao retornar à pátria espiritual, passou a sofrer perseguições inomináveis no além-túmulo. Reencarnou duas vezes em condição de penúria e sofrimento, mas ainda não seria o suficiente: teria de reencarnar em nova existência com o fim de auxiliar aqueles inimigos do passado. Desse modo, nessa última existência reencarnou em situação bastante humilde, com o objetivo de desposar um de seus pretendentes do passado, enquanto receberia o outro na condição de filho. Tudo foi planejado adequadamente.

Não obstante, Tenório, mesmo na condição de esquecimento temporário, ao se casar com Floripes sentiu a força do ciúme doentio aflorar de forma agressiva em sua mente desequilibrada pelo ódio. A presença do inimigo do passado, na condição de filho no ventre materno, despertou em Tenório antigas paixões violentas de ódio. Inconscientemente, sentia a presença do inimigo por ele assassinado naquele duelo fatídico. Apenas um fato importante deve ser considerado: de todos os erros cometidos por Floripes, em relação ao aborto de Hernández que seria seu filho, ela não está isenta de culpa. O ocorrido deve-se aos efeitos colaterais provocados pela violência praticada por Tenório. Tenório, no entanto, não tem consciência desse fato.

Salviano fez breve pausa enquanto com a destra ele fazia movimentos suaves sobre o frontal da paciente em estado de adormecimento profundo, transmitindo energias em forma de bálsamo fluídico a contribuir para melhoria do estado geral de Floripes.

O restante da história vocês já têm conhecimento. Após a desencarnação prematura, em virtude do suicídio, Tenório viu-se tomado por intenso sentimento de ódio, além de ciúme doentio a cegarem sua razão. O que lhe impulsionou a dar início à impiedosa perseguição contra Floripes, auxiliado por outro inimigo também implacável, aquele a quem Tenório havia tirado a vida no duelo fatídico de existência pretérita. Aquele infeliz irmão, cujo nome era Fernando Hernández, permaneceu por longo tempo vagando na erraticidade destilando ódio em seus pensamentos venenosos, causando a degradação de sua própria forma perispiritual, tornando-se, assim, um verdugo assustador e perigoso pela astúcia e maldade.

Estávamos atentos ao relato do Instrutor Salviano. Eleutério manifestou desejo de um esclarecimento adicional.

— Poderia nos elucidar um ponto que tenho dúvidas: se Hernández era o filho que estava no ventre de Floripes para nova reencarnação e foi abortado, como podemos entender que ele pôde reassumir sua personalidade adulta como verdugo em uma forma perispiritual tão degradada em tão pouco tempo?

— Sua pergunta é muito interessante, Eleutério, e nos oferece a oportunidade da elucidação adequada. Crianças que desencarnam em tenra idade, dependendo de cada caso, permanecem durante algum tempo no lado espiritual ainda na aparência infantil, até absorverem completamente o impacto que as levou ao desenlace, que algumas vezes pode ser traumatizante. É importante ressaltar sempre que cada caso guarda suas peculiaridades e razões, mas tão logo seja possível, aquela criança, que é um espírito imortal e traz consigo experiências das existências pretéritas, reassume, após algum tempo, sua condição espiritual normal.

— Não é pelo fato de o espírito ter desencarnado naquela existência na condição de criança que, ao retornar ao mundo espiritual irá conservar indefinidamente sua aparência infantil. Até poderá se manifestar na condição de criança aos pais ou parentes, que guardam memórias infantis dele, mas apenas por aquele momento. No instante seguinte, reassume sua personalidade já definida na condição de espírito milenar, que traz em seu arcabouço espiritual vasta experiência bem como a personalidade forjada nas existências do passado.

— Nesse caso em particular, para que pudesse reencarnar foi profundamente adormecido e reduzido na forma fetal para assumir novo corpo a ser formado no ventre de sua mãe. Como todo aborto é traumatizante para o espírito reencarnante, principalmente para aqueles que no passado foram inimigos da mãe ou do pai, tão logo sejam expulsos do ventre materno, eu reafirmo, reassumem em breve espaço de tempo a personalidade que lhe é característica na condição de espírito milenar, trazendo em seu "eu" o somatório das experiências adquiridas no que tange a conhecimento, sentimentos de amor ou ódio. Foi o que aconteceu com Hernández: ao perceber que havia sido expulso em virtude do aborto, explodiu em ódio a destilar contra Tenório e Floripes.

Eleutério agradeceu o ensinamento argumentando:
— Instrutor Salviano, pelo que entendi, o aborto gera profundas e indeléveis consequências ao espírito que se prepara para nova existência física. Seria correto o entendimento, baseado em sua oportuna explanação, que o aborto praticado de forma consciente pode provocar traumas dolorosos nos espíritos da mãe e do reencarnante, bem como despertar processos de obsessões terríveis contra a própria genitora ou os responsáveis por aquele ato?

— Eleutério, todos os processos de aborto trazem consequências dolorosas, cada caso envolvendo fatos que podem agravar ou atenuar responsabilidades. Novamente, cada caso difere de um para outro por suas peculiaridades, mas todos trazem em seu bojo efeitos dolorosos. Se um espírito em processo reencarnatório sofre o aborto e trata-se de alguém que já traz consigo condição espiritual de maior compreensão e elevação espiritual, naturalmente irá entender o fato e fazer grande esforço para que sejam eliminados quaisquer resquícios de sentimentos negativos em seu coração. Caso o espírito abortado seja algum inimigo do passado ou de índole violenta, já carrega em seu íntimo revolta, e, seguramente se tornará um algoz implacável, um obsessor impiedoso dos responsáveis por aquele acontecimento.

O instrutor espiritual interrompeu a explicação por breves segundos e em seguida retomou a explanação, para que entendêssemos a complexidade do assunto. — Quando um casal se une no matrimônio ou se vincula a algum relacionamento mais íntimo, o Programa de Planejamento Reencarnatório analisa cuidadosamente a reencarnação dos espíritos que já se encontram no radar daqueles candidatos. Tudo é previsto com certa antecedência para aquela família, para aquele casal ou mãe solo. Em verdade, não há improviso no planejamento reencarnatório.

— Por meio desse planejamento, são avaliados cuidadosamente os reencontros de espíritos que tenham afinidades ou vínculos de débitos do passado, de modo que durante a experiência e a convivência familiar, no dia a dia, enfrentando juntos os problemas e dificuldades entre irmãos, pais e mães, o grupo familiar possa viver as oportunidades necessárias para mitigarem os equívocos cometidos no passado. E, assim possam, finalmente, conquistar a reconciliação, pois o mal é transitório, mas o bem é eterno.

— A família é uma bênção de Deus; o seio familiar é o grande palco a proporcionar o reencontro de amigos e inimigos do passado, em que será facultado o soerguimento, a redenção espiritual pelo rompimento de elos de ódio. Às vezes, serão necessárias várias existências, mas será sempre no núcleo familiar que o amor fraterno está destinado a germinar, a florir e a frutificar.

— Quer dizer então que Floripes, Tenório e Hernández continuarão ligados por vínculos de resgate para as próximas encarnações? — Eleutério questionou.

O Instrutor Salviano sorriu benevolente. A pergunta procedia e era de interesse de todos nós.

— Certamente que sim, Eleutério. Apesar de todo sofrimento de Floripes, ela ainda está imantada, vinculada a esses irmãos, e ainda a outros em menor grau ou escala, pode-se dizer. Quando conquistamos desafetos e inimigos, nós nos ligamos a eles pelas próximas existências, até que esses vínculos sejam rompidos e substituídos pelos laços do amor fraternal. Por essa razão, Jesus nos recomendou: "Reconcilia-te sem demora com seu inimigo enquanto estás com ele no mesmo caminho, para que seu inimigo não te entregue ao juiz, o juiz ao oficial de justiça e sejas então recolhido à prisão. Em verdade vos digo que não sairás da prisão enquanto não pagares até o último ceitil." (Mateus 5:25-26). Ao fazermos inimigos em vida e não nos reconciliarmos em tempo, construímos dolorosa prisão para nós mesmos, pois permaneceremos ligados, imantados por compromissos dolorosos por várias existências. E dessa prisão só seremos libertos quando rompermos essas algemas através da reconciliação e do restabelecimento do amor. Por essa razão, podemos assegurar que o ódio aprisiona, mas o amor liberta.

Salviano fez breve silêncio, de modo a refletirmos acerca de suas palavras. Na sequência, disse:

— Nunca é demais enfatizar que todo processo reencarnatório exige profundo e cuidadoso planejamento — salientou o nosso instrutor. — Todos os detalhes precisam ser minuciosamente analisados, de modo que haja o melhor aproveitamento do espírito em cada nova reencarnação. Como vimos, tudo isso demanda planejamento e tempo adequados. Todavia, existem casos que, requerem e necessitam maior urgência em virtude de compromissos espirituais justificados.

— Esse é o caso de Floripes, que já se encontra em análise para que esse processo seja justificado como situação de urgência, embora deva ter um mínimo de tempo essencial à consecução do devido procedimento espiritual. Para tanto, inicialmente, Floripes deverá se restabelecer emocionalmente, estagiar por tempo suficiente em nossa Colônia, de modo a adquirir condições de equilíbrio espiritual para uma nova existência na vida física.

— Tenório e Hernández integram esse processo, visto que fazem parte desse quadro doloroso de experiências evolutivas. Ainda permanecerão digladiando entre si durante algum tempo de forma a serem resgatados. Quando estiverem preparados, o resgate de ambos será providenciado, e quando isso ocorrer, serão colocados em estado de adormecimento até que seja possível promover nova existência material, em que ambos deverão passar por experiência desafiadora em uma reencarnação compulsória: futuros filhos de Floripes, na condição de crianças especiais, justamente por estarem ligados pelos mesmos laços de ódio, motivo pelo qual retornarão à matéria como irmãos siameses, devendo se suportarem mutuamente. Nessas condições, terão uma vida sofrida e dolorosa, amparados pela mãezinha, que deverá cuidar desses filhos com amor, desvelo e carinho — uma condição a ser conquistada por Floripes.

— Assim sendo, viverão situações de muitas dificuldades, provas aflitivas, porém terão tempo suficiente para aprenderem o respeito mútuo a fim de vencerem o sentimento de ódio que ainda alimentam. Certamente, ao desencarnarem eles experimentarão sentimentos renovados, e as arestas do ódio bastante amainadas pela dor. É evidente que apenas uma existência não será suficiente para lapidarem sentimentos antagônicos, posto que a restauração completa do amor demanda existências seculares, aparentemente sem fim. Por essa razão, a exortação de Jesus: não sairás da prisão enquanto não pagares até o último ceitil.

Estávamos todos muito satisfeitos com as informações de nosso instrutor acerca do futuro de Floripes, bem como as orientações sobre as leis de Deus. Jorge e Salviano abraçaram a nós todos em um momento efusivo de amor, que transcendia e nos envolvia de maneira ímpar. Em seguida, Salviano carinhosamente recolheu Floripes em seus braços, elevando-se no espaço juntamente com nosso querido irmão Jorge. Acompanhamos até que a luz de ambos desaparecesse na distância do céu noturno, confundindo-se com as estrelas a tremeluzirem no firmamento.

Antes de nos recolhermos, contudo, para o repouso daquela noite, após um dia de muitas emoções, nós fizemos nossa oração de agradecimento ao Pai Maior. Meus pensamentos, entretanto, ainda estavam voltados para Floripes.

Aquela criatura poderia ter errado muito em um passado longínquo, mas decerto havia resgatado muitos de seus débitos, pelo menos era assim que eu imaginava. E ela já se apresentava em condição espiritual melhor feito uma criatura renovada no amor do Cristo. Iria em breve reencarnar em uma situação difícil na condição de mãe para receber em seu ventre irmãos carentes de amor, oferecendo seus braços, seus seios e seu colo em uma existência de renúncia e muito aprendizado em favor de dois inimigos do passado.

Nisso consiste a beleza das leis e da Misericórdia Divina: nenhum filho do Pai Eterno, por mais que tenha errado nos caminhos da vida, se perderá ou será condenado ao fogo eterno do inferno como apregoam algumas filosofias religiosas. O inferno do tormento sem fim não existe, uma vez que o inferno ou o paraíso nós mesmos é que construímos. Depende apenas de nossas atitudes e sentimentos.

Foi assim que adormeci em oração, agradecido por mais um dia de muito aprendizado. Floripes havia conquistado em meu coração sentimentos de piedade e compaixão. Adormeci sorrindo com o coração feliz por ter sido, juntamente com Eleutério, o instrumento de libertação daquela irmã em processo de evolução espiritual.

CAPÍTULO 17

TRABALHO COM CRISTO: *uma terapia divina*

O trabalho prosseguiu como habitualmente fazíamos, pois havíamos nos reorganizado e formado duas frentes de trabalho: uma delas formada por Flávio e Lauro, que estavam sob o comando e responsabilidade de Eleutério. Eufrásio e eu formamos a segunda frente e, dessa forma, pudemos ampliar ainda mais os atendimentos aos nossos irmãos do caminho.

Era possível verificar o progresso de Flávio e Lauro, que a cada dia apresentavam mais equilíbrio espiritual. E ao final de cada jornada, eles teciam comentários pertinentes, demonstrando satisfação a se irradiar nas fisionomias daqueles irmãos.

E dessa forma, os dias foram passando sem qualquer acontecimento especial digno de nota. Apesar disso, certo dia, no final das tarefas e retorno ao nosso espaço, após a oração costumeira de agradecimento, Lauro fez um comentário de forma espontânea.

— Amigos, peço que me permitam chamá-los assim porque os considero amigos de verdade. Gostaria que vocês soubessem da enorme alegria que tem tomado conta do meu coração nesses últimos dias. Sinceramente, tenho me sentido útil nos trabalhos e isso é gratificante. Então, tenho percebido que meu coração transborda com um sentimento de alegria e gratidão a Jesus, bem como a vocês, que em nome do Cristo se dispuseram a estender as mãos a mim, que estava desvalido.

— As dores que sentia anteriormente, o remorso que atormentava meu íntimo, foram, aos poucos, desaparecendo, e hoje posso dizer que me sinto restabelecido. Então, eu me dei conta que, é no trabalho em favor dos que mais precisam que pude ocupar minha mente com bons sentimentos; a oração em favor do próximo e energias elevadas, pois tenho consciência de que sou apenas um vaso impuro por onde essas energias transitam para o auxílio, e que me restabeleceram. Sinto que esse trabalho de doação foi fundamental para minha recuperação.

— Na verdade, sinto que fui eu próprio o maior beneficiário, porque muito mais recebi do que doei. Posso afirmar com toda segurança e certeza de que tudo foi maravilhoso, e que o trabalho nos permite ocupar a mente; torna-se uma verdadeira terapia, pois não deixa espaço para pensamentos inoportunos e negativos, que só amplificam o mal que já está instalado nas mentes desocupadas.

A observação de Lauro me deixou feliz e surpreso ao mesmo tempo.

Flávio, igualmente, se manifestou: — Quero dizer que sinto a mesma coisa. Se antes ficava me recriminando por não ter valorizado como devia a vida, e de fato não valorizei, o trabalho fraterno veio preencher esse espaço, porque nas horas vazias eu encontrava brechas para pensamentos negativos que, apenas contribuíam para a piora de um quadro que por si só já era extremamente negativo em minha mente desocupada. Hoje, penso que o mal prospera nas mentes ociosas e sem função de serviço mais elevado, e que o trabalho em favor do bem ocupa os espaços da mente iluminando e espantando as trevas, que costumam fazer ninhos nas mentes vazias, sem um propósito útil.

Sem dúvida alguma, senti que aquelas palavras foram proferidas de coração e eram muito apropriadas à ocasião, e somente confirmavam minha percepção a respeito do progresso de ambos. Observei que Eufrásio se sentiu contagiado e desejou se manifestar. Seu semblante irradiava emoção e seus olhos estavam marejados.

— Meus amigos, o que vou revelar a vocês agora vem do fundo da minha alma e devo dizer que o meu coração transborda de alegria e reconhecimento pelo infinito amor de Deus. Tão logo fui resgatado e iniciei a jornada com vocês, eu tinha um grande problema a resolver; mas esse problema não vinha de fora, muito pelo contrário, estava arraigado dentro da minha própria consciência.

— Em meus conceitos antigos imaginava que ao morrermos, teríamos de enfrentar algum juiz implacável a apontar o dedo em nossa direção para o julgamento das faltas cometidas. Porém, o juiz mais severo que encontrei aqui foi a minha própria consciência e confesso, não existe juiz mais implacável do que nós mesmos; o sentimento de culpa e remorso de nossa consciência a nos acusar dia e noite, sem tréguas. Esse era o meu problema: tinha ciência de que havia sido resgatado pela misericórdia Divina, e que Jesus absolutamente não condena ninguém, e que pelo amor infinito do Pai recebemos tantas oportunidades quanto necessárias para redenção da alma.

— Contudo, de que forma poderia eu me livrar da própria consciência a me acusar insistentemente? Aos poucos, fui descobrindo que, ao passo que me ocupava no trabalho em nome do Cristo, sem que eu percebesse, esse sentimento acusatório ia desaparecendo gradativamente, e hoje eu posso afirmar que desapareceu completamente. Tenho plena consciência das minhas falhas, mas o trabalho constante de amor realizado aqui me fez recuperar o sentimento de integridade. Porque pela misericórdia Divina não precisamos ser criaturas perfeitas ou isentas de pecados para colocar as mãos a serviço do bem, e quando o fazemos nos tornamos dignos do trabalho, e nossa casa mental se torna arejada com bons pensamentos, não deixando brechas a sentimentos negativos. Sou consciente das minhas falhas e imperfeições, bem como da necessidade de melhoria íntima, mas isso não mais me aflige, porque sinto em meu coração que o amor do Cristo resgatou, pelo trabalho, a minha dignidade perdida.

Senti-me emocionado com as palavras daqueles companheiros valorosos. Eleutério, a seu turno, expressou seu pensamento: — Tudo isso que disseram me tocou, de forma que gostaria de deixar registrado meu testemunho. O que sinto de verdade e o melhor é ter esse estado de consciência de que somos ainda espíritos imperfeitos a caminho da própria redenção, e saber disso me torna extremamente feliz. Considero que a oportunidade de trabalho, que recebemos, apesar de todas nossas imperfeições, diante dos olhos do Cristo, nos torna dignos servidores do Seu amor.

No trabalho na Seara do Cristo, Ele não nos impôs restrições nem exigiu condições especiais para que pudéssemos servir em seu nome! O amor infinito do Divino Mestre nos resgatou das profundezas abismais em que mergulhamos diante de nossa fuga da vida pelo suicídio, e o trabalho foi a senda luminosa a permitir que nos levantássemos, em que aprendemos a servir com desprendimento e caminhar esquecendo nossas próprias angústias.

— O serviço em favor do bem faz descortinar novo horizonte de oportunidades e crescimento espiritual. É assim que me sinto, e apesar de termos consciência de que somos ainda pequenos diante da infinita bênção do Criador, aos olhos do Pai somos servidores que alcançaram a graça pelo esforço e dedicação em favor do próximo, olvidando nossa própria dor.

Permaneci em silêncio, apenas meditando no depoimento dos irmãos tão queridos. Compartilhava o mesmo sentimento. Dessa forma, não deixaria de comentar o que se passava em meu coração.

— Amados amigos, creio que chegou minha vez de externar meus sentimentos, porque entendo que o amor de Deus jamais nos esquece e nunca haverá de nos abandonar, em hipótese alguma, seja ela qual for, porque Ele é nosso Pai e conhece nossa natureza frágil e nossas dificuldades. Somos espíritos imperfeitos em constante evolução e o Pai é infinitamente misericordioso: sempre irá nos resgatar das profundezas dos abismos em que mergulhamos, como afirmou o nosso irmão Eleutério. Por fraqueza, desespero, ignorância e irreflexão atentamos contra nossa própria vida.

— Os sentimentos negativos que alimentamos funcionam feito um pesado lastro a nos aprisionar no fundo do lamaçal das emoções traiçoeiras. A oração abre as portas para que nossa mente se eleve em sentimento quando nós nos entregamos às rogativas do perdão no pedido sincero de auxílio e de arrependimento. Todavia, o trabalho em nome do Cristo, o serviço na Seara do Divino Mestre, as mãos na charrua, que oportunizam aos caídos se levantarem, facultam para nós a compreensão de que o amor tudo pode quando a fé segue lastreada nas mãos que operam, nas mãos que assistem aos desamparados, sem esperança, nas mãos que se estendem para oferecer o socorro em nome de Jesus.

— O que sinto de verdade é que o amor do Pai é tudo para todos nós, e que a cada queda haverá sempre de nos levantar para novas oportunidades redentoras. Porém, se nossas mãos não estiverem operosas, se nossas mentes não se ocuparem no labor fraterno, o Pai certamente vai continuar a nos amar. Contudo, sem vigilância mental, constância na oração e no trabalho, poderemos desperdiçar oportunidades valiosas, que diariamente recebemos do Criador.

— Quando na vida material, o desocupado se deixa influenciar por sugestões infelizes, geralmente é porque sua mente está vazia, sem um propósito, e onde há espaço o mal sempre se instala. A falta de ocupação é um mal por si, e já diz um velho ditado que "a mente vazia é a oficina do diabo". O trabalho traz em seu bojo valores extraordinários, senão vejamos: oferece a oportunidade de modo que o trabalhador possa ganhar seu sustento e manutenção da família com dignidade: então o trabalho dignifica o homem.

— Em segundo lugar, poderíamos afirmar que o trabalho educa e ensina, porque aprendemos a disciplina e o conhecimento de tarefas diferenciadas alargando nossa mente para novos conhecimentos, dilatando nossos horizontes de compreensão. Em seguida, podemos ainda dizer que o trabalho é uma verdadeira terapia, pois ao nos ocupar, direcionamos nossos pensamentos para o objetivo da consecução e aos resultados necessários, que justificam o esforço de cada um.

— Todo trabalho, evidentemente, realizado com responsabilidade e dedicação, traz benefícios, seja ele de cunho material, em que o trabalhador executa suas tarefas, para receber no final do mês seu ganho que justifique seu esforço, ou o empenho em adquirir conhecimento que, certamente, vai gerar melhorias e progresso. Mas, quando nos dedicamos ao trabalho fraterno com Cristo no coração, quando nosso labor é voltado exclusivamente à restauração dos fracos e ao alívio do sofrimento do próximo, o trabalho representa, na verdade, uma terapia divina a potencializar em nós o amor do Cristo e a nos converter em verdadeiros anjos da caridade, em apóstolos do amor Divino conquanto nossas falhas clamorosas.

— Enfim, o amor do Cristo nos levanta e nos redime, nos restaura e nos fortalece porque a misericórdia Divina não tem limites. Em contrapartida, mãos ociosas, sem função de trabalho, e mentes desocupadas significam mergulhar novamente em novos despenhadeiros de trevas. O trabalho, reitero, é terapia salutar, pois ocupa a mente, fortalece a fé, protege das investidas do mal, santifica a alma e torna o espírito digno do amor do Cristo.

Após todos os comentários, nós nos recolhemos pensativos. Observei em meus companheiros um aspecto muito importante: os depoimentos espontâneos, sinceros, além do externar de sentimentos íntimos de gratidão ao Pai Misericordioso por tantas bênçãos recebidas.

Estava feliz com o grupo que se apresentava coeso, reconhecendo cada qual suas dificuldades, mas acima de tudo o amor do Senhor da Vida a renovar diariamente o convite ao trabalho dignificante e ao soerguimento redentor da alma, que, friso, aperfeiçoa em aprendizado constante, por meio das inúmeras experiências reencarnatórias. Não importa quantas vezes venhamos a cair, o importante é não se deixar entregar à lamentação. O que vale, de fato, não é a queda em si, mas o esforço mobilizado em nos levantar, procurando segurar a mão de Deus, sempre estendida em nossa direção. O esforço empreendido leva ao fortalecimento; pelas quedas é que se extrai energias e importantes aprendizados.

As graças de Deus renovam-se a cada dia em todo universo. Está sob o nosso critério aproveitarmos as oportunidades; muitas vezes nos entregamos à ociosidade sem nos darmos conta de que tudo está ao alcance de nossas mãos. Depende apenas e exclusivamente de nossa boa vontade!

Adormeci com o coração agradecido ao Criador da Vida, na certeza de estarmos sempre amparados nas bênçãos da misericórdia infinita do Criador. O dia seguinte seria mais um dia renovado no trabalho e na bondade de Deus!

CAPÍTULO 18

O AMOR *sempre vence*

Nosso trabalho prosseguia com muito entusiasmo do grupo. Todos nós, sem exceção, estávamos motivados e felizes. Nosso refúgio refletia o resultado do trabalho, cada vez mais belo, com as árvores que, aos poucos, se tornavam encopadas e frondosas, formando pequeno bosque agradável e as leguminosas que nos alimentavam configurando uma espécie de horta. O ambiente recendia perfume de flores a brotarem como se fosse um verdadeiro jardim ao ar livre.

Intimamente, eu não conseguia me esquecer de Floripes e de seus algozes, mas algo me dizia para dar ainda algum tempo antes de retornar à caverna, que fora palco de tamanho suplício.

Passados alguns dias, eu senti que deveríamos retornar ao local onde havíamos resgatado Floripes de seus agressores. Imaginei encontrar Hernández castigando impiedosamente Tenório pelo fato de ter permitido o desaparecimento inexplicável de Floripes, ou ainda que estariam se digladiando em violenta luta de ódio a acometer os sentimentos de ambos.

Em verdade, o que presenciamos foi Tenório e Hernández envolvidos em violenta discussão, sem chegarem às vias de fato. Apenas discussão verbal que permeava acusações, agressões, lágrimas e lamúrias. Aproximamo-nos discretamente sem sermos notados, o que nos permitiu acompanhar um diálogo insólito envolvido por densas manifestações de raiva, ressentimentos e sentimentos confusos de amor pela prisioneira, que havia sido resgatada.

“Você foi um irresponsável. Como pude confiar em você? Deixei Floripes sob sua responsabilidade, como um presente para que você pudesse se vingar dela, mas bastou eu me ausentar por pouco tempo e você deixa a infeliz escapar. Você é um imbecil de marca maior mesmo: se tivesse deixado uma tartaruga pra você tomar conta teria deixado escapar. Estúpido!”, acusava Hernández, apontando o dedo em riste para Tenório que tentava se justificar, embora em atitude francamente defensiva e submissa: “Você quer que eu explique, mas nem eu mesmo consigo entender. Não sei como aconteceu”, repetia Tenório visivelmente descontrolado, estendendo as mãos para o chão.

“Ela estava aqui, caída! Eu já estava cansado de tanto açoitar, meus braços doíam. Não consigo me lembrar de nada, porque estava cansado. Parecia que eu ouvia uma voz que me dizia pra falar sobre Floripes e o motivo de eu estar chicoteando. Eu fui falando, falando, e de repente senti muito sono e adormeci. Tenho certeza de que ela estava bem aqui. Acordei quando você chegou e aí ela não estava mais!”

Tenório falava e chorava ao mesmo tempo. Aos meus olhos, não era mais o verdugo impiedoso de antes quem falava, apenas um irmão sofrido, perdido e cansado do próprio mal. Prosseguiu em sua justificativa: “Agora que Floripes não está mais aqui, sinto falta dela. Não sei de mais nada;

não sei mais se odeio ou continuo a amar aquela mulher. No fundo do meu coração, sinto que fui injusto com ela!”

Soluçou com as mãos sobre a cabeça e em um ato que demonstrava resignação disse: “Se quiser me castigar pode castigar à vontade, não me importo com mais nada. Se é sua vontade descarregar seu ódio em mim pode fazer, porque sinto no fundo do meu coração que mereço esse castigo.”

Definitivamente, aquela era a capitulação de Tenório. Hernández levantou-se e seus olhos estavam vermelhos, irradiando ódio profundo. Levantou o braço empunhando o chicote ameaçador enquanto trovejava: “Coração? Você diz que tem um coração? Não consigo acreditar. Um brutamontes como você não tem coração, você tem uma pedra aí onde diz que tem um coração. Você é como eu, onde tem ódio não tem mais coração, apenas um órgão de pedra fria, dura e bruta”. O braço erguido em tom de ameaça, pronto para brandir o golpe, não chegava às vias de fato. Tenório em prantos prosseguia com o seu desabafo.

“Você tem razão! O ódio de tantos anos consumiu meu peito deixando meu coração endurecido como uma pedra bruta. Mas, confesso que agora estou confuso porque sinto novamente meu coração e um sentimento de saudades misturado com tristeza que há muito não sentia. Sinto que aquele ódio não faz mais morada em meu peito e embora você possa não acreditar, eu sinto novamente meu coração, repito. É verdade, você pode fazer o que bem desejar, mas não vai arrancar do meu peito um coração que sinto vivo e pulsante, um coração que ama novamente.”

Hernández, de fisionomia crispada, emudecido e sem ação, parecia perplexo diante daquelas palavras ditas por Tenório que continuou a desabafar.

"De verdade, sinto que sem Floripes eu não sou nada! Já nem sei mais quem sou, se uma assombração vagando sem rumo, se um espírito rebelde e sem razão, se um homem sem valia, que merece sofrer pelo mal que praticou; se um reles vagabundo que não merece piedade e acolhida. Sinto que ainda tenho ciúmes mortais em meu peito, que me consomem por dentro, mas por outro lado tenho uma certeza em minha cabeça atormentada: a certeza de que eu amo Floripes de verdade e que fui injusto com ela! Você disse que ela te abortou e você foi assassinado na barriga dela: sim, você disse, que foi assassinado.

Estou aqui me lembrando que não foi bem assim. Sendo honesto comigo mesmo sei que fui eu o responsável por tudo isso. Tenho consciência de que fui violento com ela, eu surrei Floripes sem piedade e isso pode ter causado o aborto. Eu bati nela com força desproporcional e empurrei a pobre com violência enorme. Floripes era frágil e inocente. Eu fui o culpado porque estava cego de ciúmes. Como pude fazer isso, meu Deus? Por quê? Por quê?" Ao proferir essas palavras, Tenório levou as mãos ao Alto como se estivesse pedindo perdão a Deus.

Hernández que até então ainda sustinha o braço ameaçador com o chicote em riste, abaixou o braço, sentando-se ao lado de Tenório. Parecia não estar acreditando em tudo que ouvia: "Será que estou ouvindo bem o que está dizendo? Meus ouvidos não estão me traindo? Tenório, você já tirou minha vida em um passado distante. Estou me lembrando muito bem disso. Agora que eu ia renascer e ter uma nova vida fico sabendo que foi você o responsável, pela segunda vez, pela minha morte? Apenas agora percebo que foi de uma forma muito pior porque não tive como me defender. Você é um assassino cruel e impiedoso! E fico ouvindo você dizer que ainda ama Floripes. Ela teria que ser minha por direito porque você é um assassino confesso. E ainda ousa clamar pela misericórdia de Deus? Não coloque Deus em nossa história, porque Deus não tem nada com isso! Você é um miserável que merecia morrer, se já não estivesse morto." Olhou para Tenório que, de cabeça baixa soluçava baixinho. Deu um grito medonho e assustador: "Eu te odeio!"

Aquele grito aterrador ecoou pela abóbada da gruta escura, trazendo o eco do ódio que ressoava pelo espaço escuro daquele lugar triste. Ainda de cabeça baixa, Hernandez chorou copiosamente. Em seguida, enxugou as lágrimas.

"Tenho ódio de você e desse Deus que você clama. Onde Ele estava quando tudo isso aconteceu? Onde Ele se encontrava e por que permitiu que tudo isso ocorresse novamente? Se Deus existe, e como dizem, é nosso Pai, sou obrigado a dizer que é um pai injusto. Por que sendo Ele o Todo Poderoso permite que aconteçam tantas atrocidades e misérias humanas?"

Talvez porque nós estivéssemos em estado de oração, em estágios vibratórios mais elevados, ou porque estivessem os nossos irmãos cegos de ódio, revolta, culpa e, consequentemente, em baixa frequência vibracional, não se davam conta de nossa presença. Procurei envolver Tenório em vibrações elevadas de paz e amor, de modo a lhe trazer equilíbrio, apesar da dor que vivia. Eleutério oferecia-me retaguarda vibratória, enquanto buscava auxílio na sintonia das esferas superiores. Percebi a gravidade daquele momento e a oportunidade ímpar de socorro àqueles irmãos em conflito.

Hernández continuou a destilar seu fel: "Não consigo me conformar nem aceitar que você foi o tempo todo o responsável por todo mal que vivi aqui nesse inferno, que alimentou meu ódio e o desejo de vingança contra aquela que poderia ter sido minha mãe. Você é um ser desprezível, Tenório... Se pudesse te matar te mataria agora!" Fez menção de agarrar o pescoço de seu rival, mas seu braço pendeu como se estivesse cansado. E continuou: "Se pudesse, te mataria! Mas, sinto que nem isso mais iria saciar meu desejo de vingança! Estou cansado e sem forças, mas meu peito explode de ira e ódio!"

Em oração, eu havia envolvido Tenório em energias que começaram a surtir efeito, pois em prantos ele se ajoelhou diante do seu inimigo implorando:

"Pode me açoitar à vontade, Hernández, mas me perdoe por favor. Eu te imploro que me perdoe. Sei que mereço os piores castigos pelo mal que pratiquei, e o que está fazendo comigo é justo. Descarregue em mim seu ódio e sua ânsia de vingança. Sei que tem razão em tudo que disse: sou um ser desprezível e que não merece perdão. Sequer o perdão de Deus, mas me perdoe!"

Aquela era uma circunstância insólita: vi que Hernández desejava destruir Tenório, mas algo intimamente o impedia de qualquer atitude de violência com seu arqui-inimigo do passado. Em vez disso, o brutamontes batia em sua própria cabeça, como se desejasse destruir a si mesmo.

"Eu não entendo, juro que não entendo! Por que agora que poderia desforrar em você minha ira não consigo? Por quê? Na verdade, o que sinto é que estou cansado de tudo isso. Tanto tempo em perseguições movido pelo ódio e que não me levaram a nada. Decididamente, estou cansado de tudo. Quero desaparecer, sumir da vida, desaparecer na inconsciência. Você clama por Deus, será que nem isso o Todo Poderoso pode me conceder? Juro que o que mais desejava agora era adormecer para sempre e nunca mais acordar. Nunca mais.", vociferou desesperado!

Percebi que aquela era a chance para nossa intervenção. Eleutério e eu envolvemos Hernández em fluidos magnéticos poderosos e em oração, rogando por aquele infortunado irmão! Espalmei minha destra sobre o centro de forças coronário percebendo que naquele instante poderoso fluxo de energias descia do Alto, e Eleutério e eu éramos o canal, o instrumento do amor de Deus. O resultado foi imediato: Hernández exalou longo hausto e desabou, caindo em profundo sono. Com cuidado, o acomodamos ao lado de Tenório que, confuso, parecia despertar de um longo pesadelo; sacudiu a cabeça porque conseguiu identificar nossa presença.

Visivelmente emocionado, prostrou-se ao chão clamando em prantos convulsivos. — Não faço ideia quem vocês são, mas tenho certeza de que foram vocês que libertaram Floripes, não foram? Teriam sido vocês que a livraram de minha vingança atormentada? Se foram, eu quero agradecer, porque em minha sede de vingança e do ódio que dominava meu coração nem me lembrava mais de Deus. Será que vocês representam uma resposta aos meus pedidos? Sei que não sou merecedor, porque errei demais, fui cruel usando de violência desmedida com aquela a quem deveria apenas amar, mas me sinto arrependido e tenho pedido para que Deus possa se apiedar de mim. Sinto aqui no fundo de meu coração que necessito do perdão de Deus e do perdão de Floripes.

— A verdade é que Hernández, com sua violência, despertou em mim um sentimento que havia muito não sentia: o amor por Floripes. Meu Deus, agora me sinto um nada sem a presença daquela a quem tanto amei e não soube reconhecer seu amor. Como fui estúpido. Tinha o que desejava na vida e joguei tudo fora por ciúmes improcedentes. Ah! Daria minha própria vida pelo seu perdão!

— Irmão Tenório, não estamos aqui para julgar nem para condenar. Você mesmo já está reconhecendo a extensão de seus erros, e de alguma forma tem procurado a misericórdia do Criador. Pode ter certeza, irmão, que seu momento chegou. Estamos aqui em nome de Jesus e do Pai Altíssimo para o auxílio que necessita!

Ajoelhado, Tenório batia sobre o próprio peito clamando aos prantos: "Minha culpa, minha máxima culpa! Castiga-me, Senhor, porque sou um homem impiedoso! Que alimentei ódio e movi perseguições contra uma criatura frágil e inocente. Não mereço sua misericórdia."

Eleutério e eu continuávamos a encaminhar a Tenório energias de amor. Em estado de oração, rogávamos auxílio em favor daquele irmão desesperado, que clamava: "Hernández rogou a bênção do sono para esquecer suas atrocidades, Senhor! Eu também quero te implorar, que por misericórdia, eu possa adormecer para esquecer a criatura horrível que fui e todos os males que pratiquei."

Energias balsâmicas desciam dos planos mais elevados, jorrando copiosamente em raios de tonalidade azul-claro com tal intensidade que iluminavam toda caverna. Antes de adormecer, Tenório ainda conseguiu balbuciar algumas palavras de agradecimento: "Obrigado, meu Deus! Depois de tantos anos de lutas e ódio, finalmente eu encontro um pouco de paz!"

Estávamos acomodando Tenório ao lado de Hernández, quando notei duas presenças luminosas no ambiente: eram Salviano e Jorge! Desnecessário dizer a alegria que sentimos com a visita daqueles amigos queridos.

Foi Salviano quem nos informou:

— Estávamos há algum tempo acompanhando atentamente, oferecendo a retaguarda espiritual adequada ao trabalho de auxílio a esses nossos irmãos que, submergiram no veneno do ódio destrutivo. Entretanto, se por um lado o mal é transitório, por outro o amor é eterno! Por essa razão, estamos aqui hoje para resgatar esses irmãos, porque conforme já adiantamos eles se encontram em estado de profundo desequilíbrio e devem permanecer adormecidos em local apropriado, sob nossa assistência, até o tempo oportuno à reencarnação de ambos. Conforme esclarecido anteriormente, eles irão reencarnar na condição de irmãos siameses.

— E quanto a você, Augusto, deixe sua equipe preparada porque amanhã estaremos aqui novamente com a Caravana de Maria para o resgate de mais irmãos. Amanhã você deverá vir conosco, assim esperamos.

Senti em meu peito um misto de tristeza e alegria ao mesmo tempo. Tristeza por deixar amigos tão queridos de trabalho, por quem havia me afeiçoado naquela região de muita dor, e de alegria, pois sabia que novas oportunidades de aprendizado estariam à minha espera. Meus olhos ficaram tão marejados, que não consegui conter, pois as lágrimas desceram pelo meu rosto embaçando minha visão.

Salviano e Jorge abraçaram-me e em seguida se elevaram no espaço levando em seus braços os nossos irmãos em conflito, porque a eles novas oportunidades de aprendizado iriam se descortinar. Filhos transviados também são filhos de Deus, e a bondade Divina jamais esquece qualquer dos filhos seus. Certamente, os irmãos teriam ocasiões de se redimir, pois a bondade Divina é sempre o remédio certo para cada doente, e é exatamente para os doentes que o Divino Médico trouxe a medicação salutar do Evangelho.

Hernández e Tenório, filhos de Deus, embrutecidos pela ignorância quanto às leis divinas, haviam mergulhado nos sentimentos negativos do ódio destrutivo, motivo pelo qual a Misericórdia do Pai, naquele instante, os acolhia. Irmãos em desarmonia com a lei precisam evoluir, e como já sabemos, se não for pelo amor, a evolução ocorrerá através de experiências dolorosas, de modo a libertar do cipoal dos sentimentos negativos, visando a voos mais elevados no processo de evolução espiritual.

Tudo o que havia observado me trouxe profundas reflexões para aquela noite. Antes de adormecer agradeci à misericórdia infinita do Criador, que resgata o mais terrível dos réprobos dos caminhos da perdição, para o reconduzir nas trilhas do bem.

O ódio, a ira, o rancor, os ressentimentos e os sentimentos de mágoa produzem energias negativas de tonalidade escura de pesada densidade, gerando escuridão em nossa casa mental. Entretanto, o amor, o carinho, a fraternidade, a amizade, o respeito e o desejo do bem geram luz! Porque amor é luz, e todos os sentimentos e pensamentos elevados geram energias luminosas a inundarem de luz nossa mente! Faça luz em sua casa mental porque onde a luz brilha não há espaço para as trevas!

CAPÍTULO 19

A BÊNÇÃO DO TRABALHO *e a ação do tempo*

O dia amanheceu radiante. As flores espargiam um doce aroma a tomar conta do espaço ao nosso redor. Suave brisa soprava em nossos rostos, como um afago divino brindando nossa existência. Sentia meu peito saturado de energias renovadoras e de alegrias em minha alma.

Vale relembrar que, embora estivéssemos em uma região de penumbra e tormento, nosso Recanto era uma exceção, sendo um oásis iluminado em meio à tanta desolação. As árvores balouçavam sua folhagem e era possível identificar o marulhar de um pequeno filete de água a brotar da pequena elevação em nosso refúgio.

Podia observar no semblante de cada um de meus companheiros de jornada o quanto estavam felizes. Naquele dia, eu deveria partir ao encontro de novos aprendizados; no fundo de meu coração, porém identificava misto de saudade com um pouco de tristeza.

Eleutério propôs fazermos uma prece de agradecimento enquanto aguardávamos a chegada dos irmãos da Caravana de Maria. Para mim, aquele representava um momento de muita emoção e, embora não me sentisse merecedor de tanta manifestação de carinho, aquiesci de bom grado.

— Irmão Augusto — disse-me ele –, gostaria de proferir uma prece em agradecimento a essa experiência magnífica e extraordinária que tive a oportunidade de vivenciar aqui nesse Vale de Dor, e que para mim foi de muita valia. O sentimento de gratidão levarei para a eternidade!

A seguir, ele iniciou a prece: "Deus nosso Pai Eterno, Jesus querido Mestre, aqui estamos hoje para levar até vós nosso preito de agradecimento! Sim, Divino Mestre, queremos agradecer do fundo de nossos corações, porque fomos criaturas que não soubemos valorizar nossa existência, porque desprezamos a bênção da vida que é um presente Divino! Hoje, entendo que, se existimos é porque Deus nos deu o sopro da vida, e por essa razão aqui estamos hoje.

Cada um de nós é um ser único na Criação do Eterno. Ele nos ama intensamente, e nós pobres mortais ignorantes desconhecemos a dimensão desse amor Divinal. Não sabemos valorizar esse presente precioso que é nossa vida e, ainda pior, em nossa profunda ignorância e estupidez atentamos contra nós mesmos. Viver no amor de Deus, viver no amor do Cristo, respirar e viver a cada instante, fazer a vida valer a pena é um privilégio que muitos ainda não têm consciência, ainda não percebem, não se dão conta.

Queremos agradecer porque hoje já temos consciência de que viver é lutar contra obstáculos aparentemente intransponíveis, mas com coragem, enfrentando sem medo as dificuldades, caindo e nos levantando, amando e sorrindo, errando e aprendendo, de modo a sairmos vencedores: esse é o sentido da vida! Viver é lutar, com confiança e fé no coração. Uma fé que ainda muitos de nós não sabemos dar valor, muito pelo contrário, em nossa ignorância desprezamos a fé, e aqueles que vieram nos falar sobre ela.

Todavia, Senhor, embora tardiamente, nós descobrimos que, o Seu amor e sua misericórdia jamais nos esqueceram! Sim, porque apesar de nossas fraquezas, de termos atentado contra nossa própria vida, de nossa ignorância e estupidez, nos oferece valiosas oportunidades para que na dor possamos encontrar o verdadeiro sentido da vida, e de valorizar nossa existência.

Sim, Pai, foi preciso experimentar a *Via Crucis* da dor para que viesse nos libertar através de irmãos abnegados, imperfeitos como nós que, em Seu nome, puderam nos estender as mãos e nos levantar do lamaçal onde estávamos mergulhados pela nossa insensatez. Queremos estender nosso sentimento de gratidão infinita aos nossos irmãos superiores, mas hoje especialmente a esse irmão que está partindo para voos mais elevados, assim como nós iremos seguir oportunamente, quando tivermos merecimento pelo trabalho ou por acréscimo de Sua misericórdia! Queremos nesse instante, de coração, nos sentimentos mais sagrados de espírito, desejar ao nosso querido irmão Augusto César que seja muito feliz em sua nova jornada!"

— Vá com Deus, irmão! Vá com Jesus; esse Jesus que aprendemos a conhecer e a amar através do trabalho que pudemos descortinar, em cada irmão que conseguimos reequilibrar, pelo amor do Cristo, inclusive a mim mesmo, espírito endividado e imperfeito. Sentiremos sua falta, sentiremos saudades suas, mas você será sempre nossa inspiração, feito um representante de Jesus que esteve entre nós, e que apesar de todas as imperfeições que você se diz portador, soube tão bem representar.

— Queremos seguir seus passos e pode ter certeza de que aqui, cada irmão que pudermos recuperar do sofrimento e da dor será em homenagem ao Cristo Jesus e a você, alguém que guardaremos em nossa memória pelas melhores lembranças de alegria e desprendimento. Que Deus continue sempre abençoando seus passos, que Jesus nosso Divino Amigo ilumine seus pensamentos e seus propósitos. Um dia estaremos todos juntos novamente para alegria no Reino de Deus, porque Jesus nos disse que o Reino de Deus é de amor e alegria!

Eu me sentia extremamente sensível, e as palavras de Eleutério tocavam no mais profundo de minha alma. As lágrimas assomavam meus olhos, molhando meu rosto pela emoção inesquecível. O querido amigo prosseguiu em sua prece.

"Te rogamos ainda, Divino Mestre, o fortalecimento necessário no serviço em favor do bem, que sejamos dignos da continuidade desse trabalho maravilhoso, quando aprendemos que auxiliar o próximo significa auxiliar a nós mesmos. Agradecemos imensamente, pois hoje temos a compreensão que, quando colocamos nosso tempo a serviço do irmão mais necessitado, somos nós os maiores beneficiários, motivo pelo qual Te rogamos a complacência e a misericórdia porque não somos merecedores do privilégio de servir em Teu Santo Nome. Conscientes que somos espíritos imperfeitos, mas que diante de Tua graça nos levantaremos a cada manhã dispostos a servir e a praticar o bem àqueles que ainda estagiam nessas paragens de purgação.

Rogamos Tuas bênçãos ao nosso irmão Augusto César, para que seja feliz nessa nova etapa de aprendizado. Rogamos novamente Tuas bênçãos por nós que aqui ficaremos dando continuidade a esse trabalho de amor, de modo a estarmos com o coração sempre repleto de alegrias pela oportunidade do bem praticado!”

Eleutério encerrou suas rogativas com a voz embargada pela emoção. Abracei-o comovido e ele encostou sua cabeça de encontro ao meu peito e soluçou. Acariciei os cabelos daquele irmão estimado. Eleutério ficaria guardado em meu peito tal qual o amigo sincero e um irmão muito querido, que não tivera em minha última existência.

Eufrásio, Lauro e Flávio juntaram-se naquele abraço afetuoso. Desnecessário é dizer a dimensão do amor a nos envolver naquela manhã abençoada.

A hora já ia adiantada, então resolvemos dar início aos trabalhos, afinal Jorge havia informado que estaria conosco, mas não tínhamos ideia exata de quando ocorreria, de forma que resolvemos esperar os amigos nos campos de serviço. Entretanto, tão logo chegamos para o primeiro atendimento, a Caravana de Maria se manifestou entre nós. Salviano e Jorge estavam à frente nos convidando ao serviço do resgate daqueles que já estavam em condições, e assim procedemos.

Apesar da minha emoção, aquele dia transcorreu sem maiores surpresas. Um passe aqui, uma projeção energética acolá, o serviço da padiola para recolher pacientes que eram levados a uma espécie de Centro Médico de Emergência, montado em meio ao campo mais adequado. No final do dia, Salviano finalizou os trabalhos convocando a todos para a prece de encerramento. Quando todos os integrantes estavam reunidos, Salviano passou a palavra a Jorge, que me convidou a fazer a prece: — Augusto, hoje cabe a você a honra da prece de agradecimento e encerramento dos nossos trabalhos.

Fez breve pausa, dando a entender que tinha intenção de ainda fazer um pronunciamento. — Apenas gostaria de salientar que, na condição de médico na vida material, você salvou muitas vidas, aliviou dores no exercício da medicina nos hospitais onde serviu, com equipes de enfermagem na retaguarda, equipamentos hospitalares adequados, quartos, camas e lençóis alvos e demais aparatos para um bom desempenho clínico. Quero somente destacar uma grande diferença: enquanto na vida material salvava vidas, você recebia remuneração financeira pela assistência dispensada às vidas sob seus cuidados, além da notoriedade que o cargo trazia e os privilégios materiais que a condição de médico proporcionava.

— Porém, foi aqui nesse palco de dores e lágrimas e lamúrias, neblinas e odores nauseantes, que você pôde realmente compreender e praticar a medicina verdadeira. Salvou vidas sem qualquer recompensa material, levantando caídos com seus próprios braços; sem estetoscópios ou quaisquer aparelhos médicos pôde auscultar corações e sentimentos invisíveis através da sensibilidade de espírito que conseguiu desenvolver; aqui você realmente descobriu o valor da vida e a alegria de poder exercer a medicina espiritual sem as condições adequadas nem aparelhos auxiliares, apenas amor no coração e total isenção de sentimentos egoístas. Foi aqui que você aprendeu a abraçar a medicina tal qual ferramenta de amor em nome do Cristo Jesus, para servir ao que sofre com desprendimento e desapego, apenas pelo sincero desejo de servir, e isso já é o bastante.

Jorge silenciou por breve instante. — Me perdoem, mas esse momento toca meu coração de forma muito especial. Recomendei a Augusto que fosse breve e eu mesmo estou me estendendo nesse momento que, para mim é simplesmente de gratidão infinita, pois Augusto representa para mim um irmão querido de outras eras e nos reencontramos agora para juntos prosseguirmos na tarefa de amor a Jesus, que negligenciamos no passado.

Confesso que a emoção parecia explodir em meu peito. As lágrimas eram abundantes de forma que sentia enorme dificuldade em expressar em oração os sentimentos que envolviam meu coração. Respirei profundamente para conseguir articular algumas palavras.

“Senhor da Vida, aqui estamos nós, espíritos ainda endurecidos no orgulho, cheios de vaidades de nosso passado ainda recente, trazendo na bagagem muita ignorância. Quero expressar o sentimento de amor e gratidão que vai em minha alma, Senhor, mas reconheço que as palavras são pobres para traduzir os sentimentos que inundam meu coração. Senhor, só consigo dizer que tenho plena consciência de que todos nós já fomos espíritos impenitentes e repletos de mazelas, mas que hoje estamos melhores.

Quero dizer ainda mais: que sois o Senhor do tempo e o tempo é o senhor da razão, que aliado ao trabalho pelo amor, permitis que espíritos endurecidos possam se redimir e soerguer das sombras da impenitência e compreender o valor da vida! Quero dizer que fui um privilegiado ao compreender essa equação singela do tempo e do trabalho com Jesus, que enseja ocupar a mente vazia, afastar as trevas da ociosidade e iluminar nosso coração com amor e desprendimento.”

Não tive condições de dar sequência à minha prece de agradecimento, porque sentia um nó que embargava minha voz a morrer na garganta. Chorei emocionado e fui abraçado por todos aqueles amigos queridos.

Eu me despedi de cada um dos companheiros, que prosseguiriam ainda nos trabalhos no Vale dos Suicidas. Jorge segurou minha mão enquanto com os olhos embaçados pelas lágrimas não conseguia ter visão mais nítida ao meu redor. Nos elevamos no espaço. Olhei para baixo e vi desaparecendo a distância nosso "Cantinho de Paz", que era um pequeno ponto luminoso em meio à penumbra da noite.

Sentimento de saudades e gratidão tomou conta do meu peito. Em seguida, com a vista mais nítida, consegui identificar o céu claro daquela noite permeado de estrelas cintilantes. Bem no alto, em nossa frente, o Cruzeiro do Sul exibia brilho fulgurante aos meus olhos encantados com a beleza da obra majestosa do Criador: o espaço sideral trazia ao meu coração uma ideia pálida da dimensão infinita da Criação Divina.

À nossa frente, eu consegui identificar no espaço uma cidade luminosa, que se destacava em nossa direção. Jorge me esclareceu: — Aquela é a Colônia Irmão Nóbrega, nosso destino.

Com o coração jorrando alegria e gratidão, eu fechei os olhos e mais uma vez agradeci a bondade infinita do Pai Misericordioso. Novas oportunidades me aguardavam, e em meu pensamento pontuava que não me sentia merecedor de tantas bênçãos, mas confiante na misericórdia Divina haveria de me esforçar e fazer o melhor de forma a ser digno das promessas do Cristo.

FIM

Intelítera Editora
Rua Lucrécia Maciel, 39 - Vila Guarani
CEP 04314-130 - São Paulo - SP
(11) 2369-5377 - (11) 93235-5505
intelitera.com.br
facebook.com/intelitera
instagram.com/intelitera

Os papéis utilizados foram Book Paper Imune Avena New 70g/m² para o miolo e o Cartão Imune Ningbo Fold 250g/m² para a capa. O texto principal foi composto com a fonte Georgia 13,5/18 e os títulos com a fonte Anima ITC Std 28/30 e Amuba 35/40.

Editores
Luiz Saegusa e Claudia Zaneti Saegusa
Direção editorial
Claudia Zaneti Saegusa
Capa
Casa de Ideias
Projeto Gráfico
Casa de Ideias
Preparação de Texto e Revisão
Rosemarie Giudilli
2ª Revisão
Fátima Salvo
Diagramação e Finalização
Mauro Bufano
Impressão
Lis Gráfica e Editora
1ª Edição
2025

A terapia do tempo

Dados Internacionais de Catalogação na Publicação (CIP)
(Câmara Brasileira do Livro, SP, Brasil)

César, Augusto (Espírito)
A terapia do tempo : relatos de médicos no mundo espiritual / pelo espírito Augusto César, [psicografado por] Antonio Demarchi. -- 1. ed. -- São Paulo : Intelítera Editora, 2025.

ISBN: 978-65-5679-082-4

1. Espiritismo 2. Mediunidade 3. Obras psicografadas 4. Reencarnação 5. Vida após morte I. Demarchi, Antonio. II. Título.

25-308384.0 CDD-133.9013

Índices para catálogo sistemático:
1. Mundo espiritual : Espiritismo 133.9013
Maria Alice Ferreira - Bibliotecária - CRB-8/7964

Para receber informações sobre nossos lançamentos, títulos e autores, bem como enviar seus comentários, utilize nossas mídias:

intelitera.com.br

atendimento@intelitera.com.br

youtube.com/inteliteraeditora

instagram.com/intelitera

facebook.com/intelitera

Redes sociais do autor:

youtube.com/Antonio Demarchi

instagram.com/antoniodemarchiescritor

facebook.com/antonio.demarchi3

Esta edição foi impressa pela Lis Gráfica e Editora no formato 160x230mm. Os papéis utilizados foram Book Paper Imune Avena New 70g/m² para o miolo e Cartão Imune Ningbo Fold 250g/m² para a capa. O texto principal foi composto com a fonte Georgia 13,5/20 e os títulos em Anima ITC Std 28/30 e Amuba 35/40.